De Rijkste Man van Babylon

Geschreven

Door

George Samuel Clason

Gepubliceerd

Door

Motmot.org

Copyright

Inhoudsopgave

Inleiding

Voor je strekt je toekomst zich uit als een weg die in de verte voert. Langs die weg liggen ambities

die je wilt verwezenlijken... verlangens die je wilt bevredigen

Om je ambities en verlangens tot vervulling te brengen moet je succesvol zijn met geld Gebruik de financiële principes die op de volgende bladzijden duidelijk worden gemaakt. Laat ze je wegleiden van de benauwdheid van een magere beurs naar dat vollere, gelukkiger leven dat een volle beurs mogelijk maakt.

Net als de wet van de zwaartekracht zijn ze universeel en onveranderlijk. Mogen ze voor jou, zoals ze voor zovele anderen bewezen hebben, een zekere sleutel blijken tot een vette beurs, grotere banksaldi en bevredigende financiële vooruitgang.

GELD IS ER IN OVERVLOED VOOR WIE DE EENVOUDIGE REGELS VOOR HET VERWERVEN ERVAN BEGRIJPT

1. Begin uw beurs te vetmesten
2. Beheers uw uitgaven
3. Laat uw goud zich vermenigvuldigen
4. Behoed uw schatten voor verlies
5. Maak van uw woning een winstgevende investering
6. Verzeker je van een toekomstig inkomen
7. Vergroot je vermogen om te verdienen

Over George Samuel Clason

George Samuel Clason werd op 7 november 1874 geboren in Louisiana, Missouri. Hij bezocht de Universiteit van Nebraska en diende in het Amerikaanse leger tijdens de Spaans-Amerikaanse Oorlog.

Clason richtte twee bedrijven op, de Clason Map Company uit Denver, Colorado en de Clason Publishing Company. De Clason Map Company was de eerste die een wegenatlas van de Verenigde Staten en Canada publiceerde, maar overleefde de Grote Depressie niet.

In 1926 publiceerde hij het eerste Clason essay over financieel succes, waarin hij een vorm van "Babylonische gelijkenissen" gebruikte. Hij was geïnspireerd door tabletten die gevonden waren in het gebied tussen de rivieren van Babylon. Deze informatie werd bevestigd door de Britse Vereniging van Archeologen: Clason wendde zich herhaaldelijk tot hen voor hulp bij zijn onderzoek.

Banken en verzekeringsmaatschappijen begonnen de parabels te verspreiden, en de bekendste werden gebundeld in het boek The Richest Man in Babylon. Clason's boek "Gold Ahead" werd omgedoopt tot The Richest Man in Babylon.

Clason's werken zijn door miljoenen mensen gelezen, en het boek "The Richest Man in Babylon" is een moderne klassieke economische literatuur geworden.

Clason was twee keer getrouwd, de eerste keer met Ida Ann Venable en de tweede keer met Anna Burt. Hij stierf in Napa, Californië en werd begraven op Golden Gate National Cemetery in San Mateo County, Californië.

Voorwoord

Onze welvaart als natie hangt af van de persoonlijke financiële welvaart van ieder van ons als individu.

Dit boek gaat over de persoonlijke successen van ieder van ons. Succes betekent prestaties als resultaat van onze eigen inspanningen en capaciteiten. Een goede voorbereiding is de sleutel tot ons succes. Onze daden kunnen niet wijzer zijn dan onze gedachten. Ons denken kan niet wijzer zijn dan ons inzicht. Dit boek met kuren voor magere portemonnees is wel een gids voor financieel inzicht genoemd. Dat is inderdaad het doel ervan: degenen die naar financieel succes streven een inzicht te bieden dat hen zal helpen geld te verwerven, geld te houden en hun overschotten meer geld te laten opbrengen.

In de bladzijden die volgen worden we teruggevoerd naar Babylon, de wieg waarin de grondbeginselen van financiën werden gekoesterd die nu over de hele wereld worden erkend en gebruikt.

Aan nieuwe lezers spreekt de auteur met genoegen de wens uit dat de bladzijden ervan voor hen dezelfde inspiratie mogen bevatten voor groeiende bankrekeningen, grotere financiële successen en de oplossing van moeilijke persoonlijke financiële problemen die zo enthousiast gemeld worden door lezers van kust tot kust.

Aan de zakenmensen die deze verhalen in zulke royale hoeveelheden hebben verspreid onder vrienden, familieleden, werknemers en medewerkers, maakt de auteur van deze gelegenheid gebruik om zijn dankbaarheid te betuigen. Geen hogere waardering is mogelijk dan die van praktische mensen die de leer ervan waarderen omdat ze zelf tot belangrijke successen zijn gekomen door toepassing van de principes die het bepleit.

Babylon werd de rijkste stad van de antieke wereld omdat haar burgers de rijkste mensen van hun tijd waren. Ze waardeerden de waarde van geld. Ze beoefenden gezonde financiële principes bij het verwerven van geld, het houden van geld en het laten verdienen van meer geld met hun geld. Ze zorgden voor zichzelf wat wij allemaal verlangen... inkomens voor de toekomst.

G. S. C.

Een historische schets van Babylon

In de bladzijden van de geschiedenis leeft geen stad glamoureuzer dan Babylon. Alleen al haar naam roept visioenen op van rijkdom en pracht. Haar schatten van goud en juwelen waren fabelachtig. Je stelt je zo'n rijke stad natuurlijk voor als gelegen in een geschikte omgeving van tropische weelde, omringd door rijke natuurlijke rijkdommen van bossen, en mijnen. Dat was echter niet het geval. Ze lag naast de rivier de Eufraat, in een vlakke, dorre vallei. Het had geen bossen, geen mijnen --- zelfs geen steen om te bouwen. Het lag zelfs niet aan een natuurlijke handelsroute. De regenval was onvoldoende om gewassen te verbouwen.

Babylon is een uitstekend voorbeeld van het vermogen van de mens om grote doelen te bereiken, met alle middelen die hem ter beschikking staan. Alle hulpbronnen die deze grote stad ondersteunden waren door de mens ontwikkeld. Al haar rijkdommen waren door de mens geschapen.

Babylon bezat slechts twee natuurlijke hulpbronnen --- een vruchtbare bodem en water in de rivier. Met een van de grootste technische prestaties van deze of enige andere tijd leidden Babylonische ingenieurs het water van de rivier om door middel van dammen en immense irrigatiekanalen. Ver over die dorre vallei gingen deze kanalen om het levengevende water over de vruchtbare grond te gieten. Dit behoort tot de eerste ingenieursfeiten die de geschiedenis kent. Zulke overvloedige oogsten als de beloning waren van dit irrigatiesysteem had de wereld nog nooit gezien.

Gelukkig werd Babylon tijdens zijn lange bestaan geregeerd door opeenvolgende lijnen van koningen voor wie verovering en plundering slechts bijkomstig waren. Hoewel het vele oorlogen voerde, waren de meeste daarvan plaatselijk of defensief tegen ambitieuze veroveraars uit andere landen die de fabelachtige schatten van Babylon begeerden. De voortreffelijke heersers van Babylon leven in de geschiedenis vanwege hun wijsheid, ondernemingszin en rechtvaardigheid. Babylon bracht geen pronkende monarchen voort die de bekende wereld wilden veroveren opdat alle naties hulde zouden brengen aan hun egoïsme.

Als stad bestaat Babylon niet meer. Toen de stimulerende menselijke krachten die de stad duizenden jaren lang bouwden en onderhielden zich terugtrokken, werd ze spoedig een verlaten ruïne. De plaats van de stad ligt in Azië ongeveer zeshonderd mijl ten oosten van het Suezkanaal, even ten noorden van de Perzische Golf. De breedtegraad is ongeveer dertig graden boven de evenaar, praktisch dezelfde als die van Yuma, Arizona. Het bezat een klimaat dat lijkt op dat van deze Amerikaanse stad, heet en droog.

Vandaag is deze vallei van de Eufraat, eens een dichtbevolkt geïrrigeerd landbouwgebied, weer een door de wind geteisterde dorre woestenij. Schaars gras en woestijnstruiken strijden om het bestaan tegen het verwaaide zand. Verdwenen zijn de vruchtbare velden, de mammoetsteden en de lange karavanen met rijke handelswaar. Nomadische groepen Arabieren, die zich van een karig bestaan verzekeren door kleine kuddes te hoeden, zijn de enige bewoners. Zo is het geweest sinds ongeveer het begin van de christelijke jaartelling.

Verspreid over deze vallei liggen aarden heuvels. Eeuwenlang werden ze door reizigers als niets anders beschouwd. De aandacht van archeologen werd er uiteindelijk op gevestigd door de gebroken stukken aardewerk en baksteen die door de occasionele regenstormen naar beneden gespoeld werden. Expedities, gefinancierd door Europese en Amerikaanse musea, werden hierheen gestuurd om opgravingen te doen en te zien wat er te vinden was. Houwelen en schoppen bewezen al gauw dat deze heuvels oude steden waren. Stadsgraven, zouden ze wel genoemd kunnen worden.

Babylon was er zo een. Er overheen had de wind gedurende iets van twintig eeuwen het woestijnstof verstrooid. Oorspronkelijk van baksteen gebouwd, waren alle blootgelegde muren uiteengevallen en weer terug naar de aarde gegaan. Zo is Babylon, de welvarende stad, vandaag. Een hoop vuil, zo lang verlaten dat geen levende persoon zelfs maar de naam ervan kende, tot ze ontdekt werd door het zorgvuldig verwijderen van het afval van eeuwen uit de straten en de gevallen wrakstukken van haar edele tempels en paleizen.

Veel wetenschappers beschouwen de beschaving van Babylon en andere steden in deze vallei als de oudste waarvan een definitief verslag bestaat. Er zijn positieve dateringen bewezen die 8000 jaar teruggaan.

Een interessant feit in dit verband is het middel dat gebruikt werd om deze dateringen te bepalen. Ontdekt in de ruïnes van Babylon waren beschrijvingen van een zonsverduistering. Moderne astronomen berekenden gemakkelijk de tijd waarop zo'n verduistering, zichtbaar in Babylon, zich voordeed en legden zo een bekend verband tussen hun kalender en de onze.

Op deze manier is bewezen dat 8000 jaar geleden de Soemeriërs, die Babylonië bewoonden, in ommuurde steden woonden. Men kan alleen maar gissen hoeveel eeuwen eerder zulke steden hadden bestaan. Hun inwoners waren niet louter barbaren die binnen beschermende muren woonden. Het was een ontwikkeld en verlicht volk. Voor zover de geschreven geschiedenis reikt, waren zij de eerste ingenieurs, de eerste astronomen, de eerste wiskundigen, de eerste financiers en de eerste mensen die een geschreven taal hadden.

Er is al melding gemaakt van de irrigatiesystemen die de dorre vallei in een landbouwparadijs veranderden. De overblijfselen van deze kanalen zijn nog steeds te traceren, hoewel ze meestal gevuld zijn met opgehoopt zand. Sommige waren zo groot dat, als er geen water meer in zat, een dozijn paarden naast elkaar over hun bodem kon worden gereden. In grootte zijn ze gunstig te vergelijken met de grootste kanalen in Colorado en Utah.

Behalve de irrigatie van de valleigebieden voltooiden Babylonische ingenieurs nog een ander project van vergelijkbare omvang. Door middel van een uitgebreid drainagesysteem ontgonnen ze een immens moerasgebied bij de mondingen van de Eufraat en de Tigris en brachten ook dit in cultuur.

Herodotus, de Griekse reiziger en historicus, bezocht Babylon toen het in zijn bloeitijd was en heeft ons de enige bekende beschrijving door een buitenstaander gegeven. Zijn geschriften geven een grafische beschrijving van de stad en van enkele van de ongewone gewoonten van haar bevolking. Hij vermeldt de opmerkelijke vruchtbaarheid van de grond en de overvloedige oogst van tarwe en gerst die ze opleverde.

De glorie van Babylon is verbleekt, maar haar wijsheid is voor ons bewaard gebleven. Daarvoor zijn we schatplichtig aan hun vorm van verslagen. In die verre tijd was het gebruik van papier nog niet uitgevonden. In plaats daarvan graveerden ze hun schrift moeizaam op tabletten van vochtige klei. Als ze klaar waren werden ze gebakken en werden ze harde tegels. In grootte waren ze ongeveer zes bij acht duim, en een duim dik.

Deze kleitabletten, zoals ze gewoonlijk genoemd worden, werden gebruikt zoals wij moderne vormen van schrift gebruiken. Er werden legenden op gegraveerd, poëzie, geschiedenis, transcripties van koninklijke decreten, de wetten van het land, eigendomstitels, promesses en zelfs brieven die door boodschappers naar verre steden werden verzonden. Uit deze kleitabletten wordt ons een blik gegund in de intieme, persoonlijke zaken van het volk. Zo verhaalt een tablet, kennelijk uit de administratie van een winkelier op het platteland, dat een met name genoemde klant op een bepaalde datum een koe binnenbracht en die ruilde tegen zeven zakken tarwe, waarvan er op dat moment drie geleverd werden en de andere vier tot genoegen van de klant.

Veilig begraven in de verwoeste steden, hebben archeologen hele bibliotheken van deze tabletten teruggevonden, honderdduizenden stuks.

Een van de opmerkelijke wonderen van Babylon waren de immense muren die de stad omringden. De ouden rangschikten ze met de grote piramide van Egypte als behorend tot de "zeven wereldwonderen". Aan koningin Semiramis wordt toegeschreven dat ze de eerste muren optrok tijdens de vroege geschiedenis van de stad. Moderne opgravers hebben geen spoor van de oorspronkelijke muren kunnen vinden. Evenmin is hun precieze hoogte bekend. Op grond van vermeldingen van vroege schrijvers schat men dat ze ongeveer vijftig tot zestig voet hoog waren, aan de buitenkant bekleed met verbrande baksteen en verder beschermd door een diepe gracht met water.

De latere en beroemdere muren werden ongeveer zeshonderd jaar voor de tijd van Christus begonnen door koning Nabopolassar. Op zo'n gigantische schaal plande hij de herbouw, dat hij niet leefde om het werk voltooid te zien. Dit werd overgelaten aan zijn zoon, Nebukadnezar, wiens naam bekend is in de Bijbelse geschiedenis.

De hoogte en lengte van deze latere muren wankelt het geloof. Volgens betrouwbare bronnen zouden ze ongeveer honderdzestig voet hoog geweest zijn, het equivalent van de hoogte van een modern kantoorgebouw van vijftien verdiepingen. De totale lengte wordt geschat op tussen de negen en elf mijl. De bovenkant was zo breed dat er een wagen van zes paarden omheen gereden kon worden. Van dit enorme bouwwerk is nu weinig meer over, behalve delen van de fundamenten en de gracht. Naast de verwoestingen door de elementen voltooiden de Arabieren de verwoesting door de bakstenen te delven voor bouwdoeleinden elders.

Tegen de muren van Babylon marcheerden beurtelings de zegevierende legers van bijna elke veroveraar uit dat tijdperk van veroveringsoorlogen. Een schare koningen belegerde Babylon, maar steeds tevergeefs. Over invasielegers uit die tijd moest niet lichtvaardig gedacht worden. Historici spreken van eenheden als 10.000 ruiters, 25.000 strijdwagens, 1200 regimenten voetsoldaten met 1000 man per regiment. Vaak was twee of drie jaar voorbereiding nodig om oorlogsmateriaal en depots van voedsel langs de voorgestelde marsroute bijeen te brengen.

De stad Babylon was georganiseerd zoals een moderne stad. Er waren straten en winkels.

Peddelaars boden hun waren aan door woonwijken. Priesters deden dienst in prachtige tempels.

Binnen de stad was een binnenomheining voor de koninklijke paleizen. De muren hieromheen zouden hoger geweest zijn dan die om de stad.

De Babyloniërs waren bedreven in de kunsten. Deze omvatten beeldhouwen, schilderen, weven, goudbewerking en de vervaardiging van metalen wapens en landbouwwerktuigen. Hun juweliers maakten de meest kunstzinnige sieraden.

Vele exemplaren zijn teruggevonden uit de graven van de rijke burgers en zijn nu te zien in de belangrijkste musea van de wereld.

In een heel vroege periode, toen de rest van de wereld nog met stenen bijlen op bomen hakte, of met vuurstenen speren en pijlen jaagde en vocht, gebruikten de Babyloniërs bijlen, speren en pijlen met metalen koppen. De Babyloniërs waren slimme financiers en handelaars. Voor zover we weten waren zij de oorspronkelijke uitvinders van geld als ruilmiddel, van promessen en geschreven titels op eigendom.

Babylon werd nooit door vijandige legers binnengevallen tot ongeveer 540 jaar voor de geboorte van Christus.

Zelfs toen werden de muren niet veroverd. Het verhaal van de val van Babylon is hoogst ongewoon. Cyrus, een van de grote veroveraars van die periode, was van plan de stad aan te vallen en hoopte haar onneembare muren in te nemen.

Adviseurs van Nabonidus, de koning van Babylon, haalden hem over om Cyrus tegemoet te gaan en hem slag te leveren zonder te wachten tot de stad belegerd was. Bij de daaropvolgende nederlaag voor het Babylonische leger, vluchtte het de stad uit. Daarop drong Cyrus de open poorten binnen en nam zonder weerstand bezit.

Daarna namen de macht en het prestige van de stad geleidelijk af, tot ze uiteindelijk, in de loop van een paar honderd jaar, verlaten werd, aan de winden en de stormen overgelaten om weer af te vlakken tot die woestijnachtige aarde waaruit haar grootsheid oorspronkelijk was opgetrokken. Babylon was gevallen, om nooit meer te herrijzen, maar de beschaving heeft er veel aan te danken.

De eonen van de tijd hebben de trotse muren van haar tempels tot stof doen afbrokkelen, maar de wijsheid van Babylon blijft voortbestaan.

Geld is het medium waarmee aards succes gemeten wordt.

Geld maakt het mogelijk te genieten van het beste wat de aarde te bieden heeft.

Geld is er in overvloed voor wie de eenvoudige wetten begrijpt die de verwerving ervan regelen.

Geld wordt vandaag beheerst door dezelfde wetten die het beheersten toen welvarende mannen zesduizend jaar geleden door de straten van Babylon trokken.

De man die naar goud verlangde

Bansir, de wagenbouwer van Babylon, was grondig ontmoedigd. Vanaf zijn zitplaats op de lage muur die zijn eigendom omringde, staarde hij treurig naar zijn eenvoudige woning en de open werkplaats waarin een gedeeltelijk voltooide strijdwagen stond.

Regelmatig verscheen zijn vrouw aan de open deur. Haar steelse blikken in zijn richting herinnerden hem eraan dat de maaltijdzak bijna leeg was en dat hij aan het werk zou moeten zijn om de wagen af te maken, te hameren en te hakken, te polijsten en te verven, het leer over de wielranden strak te spannen, hem klaar te maken voor aflevering zodat hij bij zijn rijke klant kon afhalen.

Niettemin zat zijn dikke, gespierde lichaam stijfjes op de muur. Zijn trage geest worstelde geduldig met een probleem waarop hij geen antwoord kon vinden.

De hete, tropische zon, zo typisch voor deze vallei van de Eufraat, sloeg genadeloos op hem neer. Zweetdruppels vormden zich op zijn voorhoofd en druppelden ongemerkt naar beneden om zich te verliezen in das harige oerwoud op zijn borst. Voorbij zijn huis torende de hoge terrasvormige muur die het paleis van de koning omringde. Vlakbij, de blauwe hemel doorklievend, stond de beschilderde toren van de Tempel van Bel. In de schaduw van zo'n grootsheid stond zijn eenvoudige huis en vele andere veel minder netjes en goed verzorgd. Babylon was zo --- een mengeling van grootsheid en verloedering, van oogverblindende rijkdom en bittere armoede, zonder plan of systeem samengepakt binnen de beschermende muren van de stad.

Achter hem, als hij de moeite had genomen zich om te draaien en te kijken, verdrongen de luidruchtige wagens van de rijken zowel de gezandstraalde handelaars als de bedelaars op blote voeten. Zelfs de rijken werden gedwongen zich in de goten te draaien om de weg vrij te maken voor de lange rijen slaafse waterdragers, op de "King's Business", die elk een zware geitenhuid met water droegen om over de hangende tuinen gegoten te worden. Bansir was te zeer in beslag genomen door zijn eigen probleem om het verwarde rumoer van de drukke stad te horen of er acht op te slaan. Het was het onverwachte getokkel van de snaren van een vertrouwde lier dat hem uit zijn mijmeringen wekte. Hij draaide zich om en keek in het gevoelige, glimlachende gezicht van zijn beste vriend --- Kobbi, de muzikant.

"Mogen de Goden u zegenen met grote vrijgevigheid, mijn goede vriend," begon Kobbi met een uitvoerige groet. "Toch blijken ze al zo vrijgevig geweest te zijn dat je niet hoeft te zwoegen. Ik verheug me met u in uw goede geluk.

Meer nog, ik zou het zelfs met u willen delen. Bid, uit je beurs die moet uitpuilen anders zou je bezig zijn in je winkel, haal maar twee nederige shekels en leen ze me tot na het feest van de edelen deze avond. Gij zult ze niet missen voor ze terug zijn."

"Als ik twee shekels had," antwoordde Bansir somber, "zou ik ze aan niemand kunnen uitlenen --- zelfs niet aan jou, mijn beste vriend; want ze zouden mijn fortuin zijn --- mijn hele fortuin. Niemand leent zijn hele fortuin uit, zelfs niet aan zijn beste vriend."

"Wat," riep Kobbi met oprechte verbazing uit, "Gij hebt niet één sjekel in uw beurs, en toch zit gij als een standbeeld op een muur! Waarom maakt gij die wagen niet compleet? Hoe kunt gij anders in uw edele eetlust voorzien? Tis niets voor jou, mijn vriend. Waar is je eindeloze energie? Is er iets dat je verontrust? Hebben de Goden je kwellingen gebracht?"

"Een kwelling van de Goden moet het zijn," stemde Bansir in. "Het begon met een droom, een zinloze droom, waarin ik dacht dat ik een man van middelen was. Aan mijn gordel hing een knappe beurs, zwaar van munten. Er waren sjekels die ik met achteloze vrijheid naar de bedelaars wierp; er waren stukken zilver waarmee ik wel sieraad voor mijn vrouw kocht en wat ik voor mezelf maar wenste; er waren stukken goud waardoor ik me verzekerd voelde van de toekomst en niet bang was om het zilver uit te geven. Een heerlijk gevoel van tevredenheid was in mij! Je zou me niet gekend hebben als je hardwerkende vriend. Noch zou je mijn vrouw gekend hebben, zo vrij van rimpels was haar gezicht en stralend van geluk. Ze was weer de lachende maagd van onze vroege huwelijksdagen."

"Een aangename droom, inderdaad," becommentarieerde Kobbi, "maar waarom zouden zulke aangename gevoelens als die het opwekte je veranderen in een somber standbeeld op de muur?"

"Waarom, inderdaad! Want toen ik wakker werd en me herinnerde hoe leeg mijn beurs was, overviel me een gevoel van opstandigheid. Laten we er samen over praten, want, zoals de zeelui zeggen, we varen in hetzelfde schuitje, wij twee. Als jongelui gingen we samen naar de priesters om wijsheid te leren. Als jonge mannen deelden we elkaars pleziertjes. Als volwassen mannen zijn we altijd hechte vrienden geweest. We zijn tevreden onderdanen van onze soort geweest. We zijn tevreden geweest om lange uren te werken en onze verdiensten vrij te besteden. We hebben veel munten verdiend in de jaren die voorbijgingen, maar toch, om de vreugden te kennen die uit rijkdom voortkomen, moeten we ervan dromen. Bah! Zijn we meer dan domme schapen? We leven in de rijkste stad van de hele wereld. De reizigers zeggen wel dat geen enkele stad haar evenaart in rijkdom.

Over ons is veel vertoon van rijkdom, maar zelf hebben we er niets van. Na een half leven hard werken hebt gij, mijn beste vriend, een lege beurs en zegt tot mij: "Mag ik zo'n kleinigheid als twee sjekels lenen tot na het feest van de edelen van deze avond?" Wat antwoord ik dan? Zeg ik: "Hier is mijn beurs; de inhoud ervan zal ik gaarne delen? Nee, ik geef toe dat mijn beurs even leeg is als de uwe. Wat is er aan de hand? Waarom kunnen we geen zilver en goud verwerven --- meer dan genoeg voor voedsel en gewaden?

"Denk ook aan onze zonen," ging Bansir verder, "treden zij niet 17in de voetstappen van hun vaders? Moeten zij en hun gezinnen en hun zonen en de gezinnen van hun zonen hun hele leven te midden van zulke goudschatten leven, en toch, net als wij, tevreden zijn met een feestmaal van zure geitenmelk en pap?" "Nog nooit, in al de jaren van onze vriendschap, hebt gij zo gesproken, Bansir." Kobbi stond perplex.

"Nog nooit in al die jaren heb ik zo gedacht. Van de vroege dageraad tot de duisternis me tegenhield, heb ik gezwoegd om de mooiste strijdwagens te bouwen die een mens kon maken, zachtmoedig hopend dat de Goden op een dag mijn waardige daden zouden erkennen en me grote voorspoed zouden schenken. Dit hebben ze nooit gedaan. Eindelijk besef ik dat ze dit nooit zullen doen. Daarom is mijn hart bedroefd. Ik wens een man van middelen te zijn. Ik wens land en vee te bezitten, fijne gewaden te hebben en munten in mijn beurs. Ik ben bereid voor deze dingen te werken met alle kracht in mijn rug, met alle vaardigheid in mijn handen, met alle sluwheid in mijn geest, maar ik wens dat mijn arbeid eerlijk beloond wordt. Wat is er met ons aan de hand? Nogmaals vraag ik je! Waarom kunnen wij niet ons rechtvaardig deel krijgen van de goede dingen die zo overvloedig zijn voor hen die het goud hebben waarmee ze gekocht kunnen worden?"

"Zou ik een antwoord weten!" antwoordde Kobbi. "Niet beter dan gij ben ik tevreden. Mijn verdiensten uit mijn lier zijn snel op. Vaak moet ik plannen en beramen opdat mijn gezin geen honger lijdt. Ook is er in mijn borst een diep verlangen naar een lier die groot genoeg is, zodat hij werkelijk de muziekstrepen kan zingen die wel door mijn geest gieren. Met zo'n instrument zou ik muziek kunnen maken die fijner is dan zelfs de koning ooit gehoord heeft."

"Zo'n lier moet gij hebben. Geen man in heel Babylon zou het zo zoet kunnen laten zingen; zou het zo zoet kunnen laten zingen, dat niet alleen de koning maar ook de Goden zelf er verrukt over zouden zijn. Maar hoe kunt gij hem bemachtigen terwijl wij beiden zo arm zijn als de slaven van de koning? Luister naar de bel! Hier komen ze!" Hij wees naar de lange colonne halfnaakte, zwetende waterdragers die moeizaam de smalle straat vanaf de rivier op ploeterden. Vijf aan een stuk marcheerden ze, elk gebogen onder een zware geitenhuid met water.

"Een mooi figuur van een man, hij die hen leidt." Kobbi wees op de drager van de bel die zonder last voorop marcheerde. "Een vooraanstaand man in zijn eigen land, 't is gemakkelijk te zien."

"Er zijn veel goede figuren in de linie," beaamde Bansir, "even goede mannen als wij. Lange, blonde mannen uit het noorden, lachende zwarte mannen uit het zuiden, kleine bruine mannen uit de dichterbij gelegen landen. Allemaal samen marcherend van de rivier naar de tuinen, heen en weer, dag na dag, jaar na jaar. Niets van geluk om naar uit te kijken. Bedden van stro om op te slapen --- harde graanpap om te eten. Heb medelijden met de arme bruten, Kobbi!"

"Medelijden heb ik met hen. Maar toch, je doet me inzien hoe weinig beter af wij zijn, vrije mensen al noemen we ons."

Dat is waarheid, Kobbi, ook al is het een onaangename gedachte. We willen niet jaar na jaar slaafs blijven leven. Werken, werken, werken! Nergens komen."

"Zouden we niet te weten kunnen komen hoe anderen goud verwerven en doen zoals zij doen?" informeerde Kobbi.

"Misschien is er wel een geheim dat we te weten kunnen komen als we het maar zouden zoeken bij hen die het wisten," antwoordde Bansir nadenkend.

"Vandaag nog," opperde Kobbi, "passeerde ik onze oude vriend, Arkad, rijdend in zijn gouden strijdwagen. Dit zal ik zeggen, hij keek niet over mijn nederige hoofd heen, zoals velen in zijn stand zijn recht zouden achten. In plaats daarvan zwaaide hij wel met zijn hand, opdat alle toeschouwers zouden zien dat hij Kobbi, de muzikant, groette en zijn glimlach van vriendschap schonk."

"Men beweert dat hij de rijkste man van heel Babylon is," mijmerde Bansir.

"Zo rijk dat men zegt dat de koning zijn gouden hulp zoekt in zaken van de schatkist," antwoordde Kobbi. "Zo rijk," onderbrak Bansir, "dat ik vrees dat als ik hem in het donker van de nacht zou ontmoeten, ik mijn handen op zijn vette portefeuille zou moeten leggen."

"Onzin," berispte Kobbi, "de rijkdom van een man zit niet in de portemonnee die hij draagt. Een dikke beurs raakt snel leeg als er geen gouden stroom is om hem bij te vullen. Arkad heeft een inkomen dat zijn beurs voortdurend vol houdt, hoe royaal hij ook uitgeeft."

"Inkomen, dat is het," ejaculeerde Bansir. "Ik wens een inkomen dat in mijn beurs blijft stromen, of ik nu op de muur zit of naar verre landen reis. Arkad moet weten hoe een man een inkomen voor zichzelf kan verwerven. Denk je dat het iets is wat hij een zo trage geest als de mijne duidelijk kan maken?"

"Mij dunkt dat hij zijn kennis wel aan zijn zoon, Nomasir, heeft geleerd," antwoordde Kobbi. "Ging hij niet naar Nineveh en werd, zo wordt in de herberg verteld, zonder hulp van zijn vader een van de rijkste mannen van die stad?"

"Kobbi, gij brengt mij een zeldzame gedachte." Een nieuw licht glom in Bansir's ogen. "Het kost niets om wijze raad te vragen aan een goede vriend en Arkad was dat altijd. Het geeft niet, al zijn onze geldbuidels zo leeg als het valkennest van een jaar geleden. Laat dat ons niet ophouden. We zijn het beu zonder goud te zitten temidden van overvloed. We willen mannen met middelen worden. Kom, laat ons naar Arkad gaan en vragen hoe ook wij inkomsten voor onszelf kunnen verwerven."

Gij spreekt met ware bezieling, Bansir. Gij brengt een nieuw inzicht in mijn geest.

Gij doet me de reden inzien waarom we nooit enige mate van rijkdom gevonden hebben. We hebben er nooit naar gezocht. Gij hebt geduldig gezwoegd om de stevigste strijdwagens van Babylon te bouwen. Aan dat doel was Uw beste streven gewijd. Daarom slaagde gij daarin. Ik streefde ernaar een bekwaam lierspeler te worden. En, daarin slaagde ik.

"In die dingen waar we ons best voor deden slaagden we. De Goden waren tevreden ons zo te laten doorgaan. Nu, eindelijk, zien we een licht, helder als dat van de opkomende zon. Het gebiedt ons meer te leren opdat we meer mogen bloeien. Met een nieuw inzicht zullen we eerbare wegen vinden om onze verlangens te verwezenlijken."

"Laten we nog vandaag naar Arkad gaan," drong Bansir aan, "Ook laten we andere vrienden uit onze jongensdagen, die het niet beter vergaan is dan wij, vragen zich bij ons aan te sluiten, opdat ook zij in zijn wijsheid mogen delen."

"Gij zijt altijd zo attent geweest op uw vrienden, Bansir. Daarom hebt gij vele vrienden. Het zal zijn zoals gij zegt. We gaan deze dag en nemen hen met ons mee."

De rijkste man van Babylon

In het oude Babylon leefde eens een zekere zeer rijke man, Arkad genaamd. Tot ver in de omtrek was hij befaamd om zijn grote rijkdom. Ook was befaamd om zijn vrijgevigheid. Hij was vrijgevig in zijn liefdadigheid. Hij was vrijgevig tegenover zijn gezin. Hij was vrijgevig in zijn eigen uitgaven. Maar niettemin nam zijn rijkdom elk jaar sneller toe dan hij ze uitgaf.

En er waren bepaalde vrienden van jongere dagen die naar hem toe kwamen en zeiden: "Jij, Arkad, bent gelukkiger dan wij. Jij bent de rijkste man van heel Babylon geworden, terwijl wij worstelen om het bestaan. Jij kunt de mooiste kleren dragen en je kunt genieten van het zeldzaamste voedsel, terwijl wij tevreden moeten zijn als we ons gezin in toonbaar gewaad kunnen kleden en hen zo goed mogelijk te eten kunnen geven.

"Toch waren we eens gelijk. We studeerden onder dezelfde meester. We speelden in dezelfde spelen. En noch in de studies noch in de spelen overtrof jij ons. En in de jaren daarna ben je niet meer een eerbaar burger geweest dan wij.

"Noch heb je harder of trouwer gewerkt, voor zover wij dat kunnen beoordelen. Waarom zou dan een wispelturig lot jou uitkiezen om van alle goede dingen van het leven te genieten en ons, die het evenzeer verdienen, negeren?"

Daarop berispte Arkad hen en zei: "Als jullie niet meer dan een kaal bestaan verworven hebben in de jaren sinds wij jongeren waren, dan komt dat omdat jullie ofwel de wetten die de opbouw van rijkdom regelen niet geleerd hebben, ofwel ze niet in acht nemen.

"Wispelturig Noodlot" is een gemene godin die niemand blijvend goed brengt. Integendeel, ze brengt verderf over bijna elke man over wie ze onverdiende gouden douches uitstort. Ze maakt baldadige verkwisters, die al gauw alles wat ze ontvangen verkwisten en belaagd achterblijven door overweldigende lusten en begeerten die ze niet kunnen bevredigen. Weer anderen die ze begunstigt worden vrekkers en hamsteren hun rijkdom, bang om uit te geven wat ze hebben, wetend dat ze niet de mogelijkheid bezitten om het te vervangen. Verder worden ze belaagd door angst voor rovers en doemden zichzelf tot een leven van leegte en heimelijke ellende.

"Anderen zijn er waarschijnlijk, die onverdiend goud kunnen nemen en het aanvullen en gelukkige en tevreden burgers blijven. Maar zo weinigen zijn het, ik ken ze alleen van horen zeggen. Denk eens aan de mannen die plotseling rijkdom geërfd hebben, en kijk of deze dingen niet zo zijn.

"Zijn vrienden gaven toe dat van de mannen die ze kenden die rijkdom hadden geërfd deze woorden waar waren, en ze smeekten hem hen uit te leggen hoe hij in het bezit was gekomen van zoveel voorspoed, dus vervolgde hij: "In mijn jeugd keek ik om me heen en zag alle goede dingen die er waren om geluk en tevredenheid te brengen. En ik besefte dat rijkdom de potentie van al deze verhoogde. "Rijkdom is een kracht. Met rijkdom zijn veel dingen mogelijk.

"Men kan het huis versieren met de rijkste inrichting. "Men kan de verre zeeën bevaren.

"Men kan zich tegoed doen aan de lekkernijen van verre landen.

"Men kan de sieraden kopen van de goudwerker en de steenpoetser.

"Men kan zelfs machtige tempels voor de Goden bouwen.

"Men kan al deze dingen doen en nog vele andere, waarin verrukking voor de zinnen en bevrediging voor de ziel is.

"En, toen ik dit alles besefte, besloot ik tot mezelf dat ik mijn deel van de goede dingen van het leven zou opeisen. Ik zou niet een van hen zijn die afzijdig staan, jaloers toekijkend hoe anderen genieten. Ik zou er niet tevreden mee zijn me te kleden in de goedkoopste kleding die er respectabel uitzag. Ik zou niet tevreden zijn met het lot van een arm mens. Integendeel, ik zou mezelf een gast maken aan dit banket van goede dingen.

"Omdat ik, zoals je weet, de zoon was van een nederige koopman, een van een grote familie zonder hoop op een erfenis, en niet begiftigd was, zoals je zo openhartig zei, met superieure krachten of wijsheid, besloot ik dat, als ik wilde bereiken wat ik verlangde, tijd en studie nodig zouden zijn.

"Wat de tijd betreft, die hebben alle mensen in overvloed. Jullie hebben, ieder van jullie, voldoende tijd voorbij laten gaan om je rijk te hebben gemaakt. Toch geven jullie toe; jullie hebben niets om te laten zien behalve jullie goede families, waarop jullie terecht trots kunnen zijn.

"Wat studie betreft, leerde onze wijze leermeester ons niet dat leren van twee soorten was: de ene soort waren de dingen die we leerden en kenden, en de andere was de vorming die ons leerde te weten te komen wat we niet wisten?

"Daarom besloot ik uit te zoeken hoe men rijkdom kon vergaren, en toen ik dat te weten gekomen was, dit tot mijn taak te maken en het goed te doen. Want is het niet verstandig dat we genieten terwijl we in de helderheid van de zonneschijn vertoeven, want smarten genoeg zullen op ons neerdalen als we vertrekken naar de duisternis van de wereld van de geest?

"Ik vond werk als scribent in de zaal der archieven, en elke dag werkte ik lange uren op de kleitabletten. Week na week, en maand na maand, werkte ik, maar voor mijn verdiensten had ik niets om te laten zien. Voedsel en kleding en boetedoening aan de goden, en andere dingen waarvan ik me niet kon herinneren wat, slokten al mijn verdiensten op. Maar mijn vastberadenheid liet me niet in de steek.

"En op een dag kwam Algamish, de geldschieter, naar het huis van de stadsmeester en bestelde een exemplaar van de Negende Wet, en hij zei tegen me: Ik moet dit binnen twee dagen hebben, en als de taak tegen die tijd volbracht is, zal ik je twee koperen geven."

"Zo zwoegde ik hard, maar de wet was lang, en toen Algamish terugkwam was de taak onvoltooid.

Hij was boos, en als ik zijn slaaf geweest was, zou hij me geslagen hebben. Maar omdat ik wist dat de stadsmeester hem niet zou toestaan mij te verwonden, was ik niet bang, dus zei ik tegen hem: 'Algamish, je bent een zeer rijk man. Vertel me hoe ik ook rijk mag worden, en de hele nacht zal ik op de klei kerven, en als de zon opkomt zal het voltooid zijn.'

"Hij glimlachte naar me en antwoordde: 'Je bent een vooruitgeschoven schurk, maar we zullen het een koopje noemen.'

"De hele nacht heb ik gekerfd, hoewel mijn rug pijn deed en de geur van de lont mijn hoofd pijn deed tot mijn ogen nauwelijks konden zien. Maar toen hij bij zonsopgang terugkwam, waren de tabletten compleet.

"Nu," zei ik, "vertel me wat je beloofd hebt.

"Je hebt jouw deel van onze overeenkomst vervuld, mijn zoon," zei hij vriendelijk tegen me, "en ik ben bereid het mijne te vervullen. Ik zal je deze dingen vertellen die je wilt weten, want ik word een oude man, en een oude tong kwispelt graag. En als de jeugd bij de ouderdom om raad komt, krijgt hij de wijsheid van jaren. Maar te vaak denkt de jeugd dat de ouderdom alleen de wijsheid kent van dagen die voorbij zijn, en profiteert dus niet. Maar onthoud dit, de zon die vandaag schijnt is de zon die scheen toen je vader geboren werd, en zal nog steeds schijnen als je laatste kleinkind in de duisternis zal overgaan.

"De gedachten van de jeugd," vervolgde hij, "zijn heldere lichten die stralen als de meteoren die vaak de hemel schitterend maken, maar de wijsheid van de ouderdom is als de vaste sterren die zo onveranderlijk schijnen dat de zeeman er op kan vertrouwen om zijn koers te sturen.

'Let goed op mijn woorden, want als je dat niet doet zul je de waarheid die ik je zal vertellen niet vatten, en zul je denken dat je nachtwerk voor niets is geweest'.

"Toen keek hij me schrander aan van onder zijn ruige wenkbrauwen en zei op een lage, krachtige toon,

'Ik vond de weg naar rijkdom toen ik besloot dat een deel van alles wat ik verdiende van mij was om te houden. En dat zal jij ook doen.'

' Toen bleef hij me aankijken met een blik die ik door me heen kon voelen prikken, maar zei verder niets.

"Is dat alles?" vroeg ik.

"Dat was voldoende om het hart van een schaapherder te veranderen in het hart van een geldschieter," antwoordde hij.

"Maar alles wat ik verdien is toch van mij om te houden, niet?" vroeg ik.

"Verre van dat," antwoordde hij. 'Betaal je de kledingmaker niet? Betaal je de sandalenmaker niet? Betaal je niet voor de dingen die je eet? Kun je in Babylon leven zonder uitgaven te doen? Wat heb je te laten zien voor je verdiensten van de afgelopen mond? Wat voor het afgelopen jaar? Dwaas! Je betaalt aan iedereen behalve aan jezelf. Sufaard, je werkt voor anderen. Je kunt net zo goed een slaaf zijn en werken voor wat je meester je te eten en te dragen geeft. Als je wel een tiende van alles wat je verdient voor jezelf zou houden, hoeveel zou je dan in tien jaar hebben?'

"Mijn kennis van de getallen liet me niet in de steek, en ik antwoordde: 'Zoveel als ik in een jaar verdien'.

"Je spreekt maar de halve waarheid," antwoordde hij. 'Elk goudstuk dat je spaart is een slaaf om voor je te werken. Elk koper dat het verdient is zijn kind dat ook voor jou kan verdienen. Wil je rijk worden, dan moet wat je spaart verdienen, en zijn kinderen moeten verdienen, opdat allen mogen helpen om je de overvloed te geven waar je naar hunkert. "Je denkt dat ik je bedrieg voor je lange nachtwerk," ging hij verder, "maar ik betaal je duizendvoudig als je de intelligentie hebt om de waarheid te vatten die ik je aanbied.

"Een deel van alles wat je verdient mag je houden. Het mag niet minder dan een tiende zijn, hoe weinig je ook verdient. Het mag zoveel meer zijn als je je kunt veroorloven. Betaal eerst jezelf. Koop van de klerenmaker en de sandalenmaker niet meer dan je van de rest kunt betalen en nog genoeg overhoudt voor voedsel en liefdadigheid en boetedoening aan de goden.

"Rijkdom groeit, net als een boom, uit een klein zaadje. Het eerste koper dat je spaart is het zaad waaruit je boom van rijkdom zal groeien. Hoe eerder je dat zaadje plant, hoe eerder de boom zal groeien. En hoe trouwer je die boom voedt en bewatert met consequent sparen, des te eerder mag je je in zijn schaduw in tevredenheid koesteren'.

"Zo gezegd hebbende, nam hij zijn tabletten en ging weg.

"Ik dacht veel na over wat hij tegen me gezegd had, en het leek me redelijk. Dus besloot ik dat ik het zou proberen. Telkens als ik betaald werd nam ik van elke tien stukken koper er een en verstopte die. En hoe vreemd het ook lijkt, ik kwam niet korter aan middelen, dan voorheen. Ik merkte weinig verschil, want ik kon er goed mee overweg zonder. Maar dikwijls kwam ik in de verleiding, toen mijn schat begon te groeien, om het uit te geven voor wat van de goede dingen die de kooplieden uitstalden, meegebracht door kamelen en schepen uit het land van de Phoeniciërs. Maar ik zag er wijselijk van af. "Een twaalfde maand nadat Algamisj was vertrokken keerde hij weer terug en zei tegen me: 'Zoon, heb je jezelf niet minder dan een tiende betaald van alles wat je in het afgelopen jaar verdiend hebt?'

' Ik antwoordde trots: 'Ja, meester, dat heb ik.' 'Dat is goed,' antwoordde hij stralend op mij, 'en wat heb je ermee gedaan?"

"Ik heb het aan Azmur, de steenbakker, gegeven, die me vertelde dat hij over de verre zeeën reisde en in Tyrus voor mij de zeldzame juwelen van de Phoeniciërs zou kopen. Als hij terugkomt zullen we die tegen hoge prijzen verkopen en de opbrengst verdelen."

"Elke dwaas moet leren," gromde hij, "maar waarom zou je de kennis van een steenbakker over juwelen vertrouwen? Zou je naar de broodbakker gaan om naar de sterren te informeren? Nee, bij mijn tuniek, je zou naar de astroloog gaan, als je kracht had om te denken. Je spaargeld is op, jongeling, je hebt je rijkdom-boom bij de wortels omhoog gerukt. Maar plant er nog een. Probeer het nog eens. En als je de volgende keer advies over juwelen zou willen hebben, ga dan naar de juwelenhandelaar. Als je de waarheid over schapen wilt weten, ga dan naar de herder. Advies is een ding dat vrijelijk wordt weggegeven, maar pas op dat je alleen aanneemt wat de moeite waard is. Wie advies over zijn spaargeld aanneemt van iemand die in zulke zaken onervaren is, zal met zijn spaargeld boeten voor het bewijzen van de valsheid van hun adviezen." Dit zeggende ging hij weg.

"En het was zoals hij zei. Want de Phoeniciërs zijn schurken en verkochten aan Azmur waardeloze stukjes glas die op edelstenen leken. Maar zoals Algamish me geboden had, spaarde ik weer elk tiende koper, want ik had nu de gewoonte gevormd en het was niet moeilijk meer.

"Weer, twaalf maanden later, kwam Algamish naar de kamer van de schriftgeleerden en sprak me aan.

"Welke vorderingen heb je gemaakt sinds de laatste keer dat ik je zag?"

"Ik heb mezelf trouw betaald," antwoordde ik, "en mijn spaargeld heb ik toevertrouwd aan Agger de schildmaker, om brons te kopen, en elke vierde maand betaalt hij me wel de huur."

"Dat is goed. En wat doe je met de huur?" "Ik geef wel een groot feestmaal met honing en fijne wijn en gekruide cake. Ook heb ik me een scharlakenrode tuniek gekocht. En op een dag zal ik me een jonge ezel kopen waarop ik kan rijden." Waarop Algamisj lachte: "Je eet wel de kinderen van je spaargeld op. Hoe verwacht je dan dat ze voor je werken?

En hoe kunnen ze kinderen krijgen die ook voor jou zullen werken?

Zorg eerst voor een leger van gouden slaven en dan mag je zonder spijt van menig rijk banket genieten." Zo gezegd zijnde ging hij weer weg.

"Twee jaar lang zag ik hem niet weer, toen hij weer terugkwam en zijn gezicht vol diepe lijnen was en zijn ogen droop, want hij was een zeer oude man aan het worden. En hij zei tegen me: "Arkad, heb je de rijkdom waarvan je droomde al bereikt?" En ik antwoordde: "Nog niet alles wat ik verlang, maar een deel heb ik en het verdient meer, en de verdiensten ervan verdienen meer."

"En neem je nog steeds de raad van steenbakkers aan?"

"Over het maken van bakstenen geven ze goede raad," antwoordde ik.

"Arkad," ging hij verder, "je hebt je lessen goed geleerd. Eerst leerde je te leven van minder dan je kon verdienen. Vervolgens leerde je advies te vragen aan hen die door hun eigen ervaringen bekwaam waren om het te geven. En tenslotte heb je geleerd om goud voor je te laten werken."

"Je hebt jezelf geleerd hoe je geld kunt verwerven, hoe je het kunt bewaren, en hoe je het kunt gebruiken. Daarom ben je bekwaam voor een verantwoordelijke positie. Ik word een oude man. Mijn zonen denken alleen aan uitgeven en geven geen aandacht aan verdienen. Mijn belangen zijn groot en ik vrees te veel om voor te zorgen. Als jij naar Nippur gaat en daar op mijn landerijen past, maak ik je tot mijn partner en zul je delen in mijn landgoed."

"Dus ging ik naar Nippur en nam de leiding over zijn bezittingen, die groot waren. En omdat ik vol ambitie was en de drie wetten van het succesvol omgaan met rijkdom onder de knie had, was ik in staat de waarde van zijn bezittingen sterk te verhogen.

Zo bloeide ik veel, en toen de geest van Algamish naar de sfeer van duisternis vertrok, deelde ik wel in zijn bezit zoals hij volgens de wet geregeld had." Zo sprak Arkad, en toen hij zijn verhaal beëindigd had, zei een van zijn vrienden: "Je hebt inderdaad geluk gehad dat Algamish jou tot erfgenaam maakte."

"Gelukkig alleen in die zin dat ik de wens om te bloeien al had voordat ik hem voor het eerst ontmoette. Bewijsde ik niet vier jaar lang mijn vastberadenheid door een tiende te houden van alles wat ik verdiende? Zou je een visser gelukkig noemen die jarenlang de gewoonten van de vissen zo bestudeerde dat hij bij elke veranderende wind zijn netten over hen kon uitwerpen? Gelegenheid is een hooghartige godin die geen tijd verspilt met hen die onvoorbereid zijn."

"Je had een sterke wilskracht om door te gaan nadat je je spaargeld van het eerste jaar verloren had. Je bent ongewoon op die manier," sprak een ander.

"Wilskracht!" antwoordde Arkad. "Wat een onzin. Denk je dat wilskracht een man de kracht geeft om een last op te tillen die een kameel niet kan dragen, of om een last te trekken die ossen niet kunnen verzetten? Wilskracht is

slechts het onverzettelijke voornemen om een taak die je
jezelf stelt tot vervulling te brengen. Als ik mezelf een taak
opleg, al is het nog zo onbeduidend, dan zal ik die
volbrengen. Hoe zal ik anders vertrouwen in mezelf
hebben om belangrijke dingen te doen? Zou ik tegen mezelf
zeggen: 'Honderd dagen lang, als ik over de brug naar de
stad loop, zal ik van de weg een kiezelsteen plukken en die
in de beek werpen,' dan zou ik het doen.

Als ik op de zevende dag voorbijliep zonder het me te
herinneren, zou ik niet tegen mezelf zeggen: Morgen zal ik
twee kiezelstenen werpen die het even goed zullen doen.'
In plaats daarvan zou ik op mijn schreden terugkeren en
de kiezelsteen werpen. Evenmin zou ik op de twintigste
dag tegen mezelf zeggen: 'Arkad, dit is zinloos. Wat baat
het je om elke dag een kiezelsteen te werpen? Gooi er een
handvol in en wees er klaar mee.' Nee, dat zou ik niet
zeggen en ook niet doen. Als ik mezelf een taak opleg,
maak ik die af.

Daarom ben ik voorzichtig met het beginnen aan moeilijke
en onpraktische taken, want ik hou van vrije tijd."

En toen nam een andere vriend het woord en zei: "Als het
waar is wat je vertelt, en het lijkt inderdaad zoals je
gezegd hebt, redelijk, dan zou, omdat het zo eenvoudig is,
als alle mensen het zouden doen, er niet genoeg rijkdom
zijn om rond te gaan."

Rijkdom groeit overal waar mensen energie uitoefenen,"
antwoordde Arkad. "Als een rijk man voor hem een nieuw
paleis bouwt, is dan het goud dat hij uitbetaalt weg? Nee,
de metselaar heeft er een deel van en de arbeider heeft er
een deel van en de kunstenaar heeft er een deel van. En
iedereen die aan het huis werkt heeft er een deel van Toch
is het paleis, wanneer het voltooid is, niet alles waard wat

het gekost heeft? En is de grond waarop het staat niet meer waard omdat het er staat? En is de grond die er aan grenst niet meer waard omdat hij er is? Rijkdom groeit op magische manieren. Geen mens kan de grens ervan voorspellen. Hebben de Phoeniciërs geen grote steden op dorre kusten gebouwd met de rijkdom die afkomstig is van hun handelsschepen op de zeeën?" "Wat raad je ons dan aan te doen opdat ook wij rijk mogen worden?" vroeg nog een andere van zijn vrienden. "De jaren zijn voorbijgegaan en we zijn geen jonge mannen meer en we hebben niets opzij gezet."

"Ik raad jullie aan de wijsheid van Algamish op te volgen en tegen jezelf te zeggen: 'Een deel van alles wat ik verdien is van mij om te houden.' Zeg het 's morgens als je voor het eerst opstaat. Zeg het 's middags. Zeg het 's avonds. Zeg het elk uur van elke dag. Zeg het tegen jezelf tot de woorden als letters van vuur over de hemel uitsteken.

"Maak indruk op jezelf met het idee. Vul jezelf met de gedachte. Neem dan de portie die verstandig lijkt. Laat het niet minder dan een tiende zijn en leg het klaar. Regel zo nodig je andere uitgaven om dit te doen. Maar leg eerst dat deel klaar. Spoedig zul je beseffen wat een rijk gevoel het is een schat te bezitten waar alleen jij aanspraak op hebt. Naarmate hij groeit zal hij je stimuleren. Een nieuwe levensvreugde zal je in vervoering brengen.

Grotere inspanningen zullen tot je komen om meer te verdienen. Want zal van je toegenomen verdiensten niet ook eenzelfde percentage voor jou zijn om te houden?

"Leer dan om je schat voor je te laten werken. Maak het tot je slaaf. Laat zijn kinderen en de kinderen van zijn kinderen voor jou werken.

"Verzeker je van een inkomen voor je toekomst. Kijk naar de ouden van dagen en vergeet niet dat ook gij in de komende dagen onder hen geteld zult zijn. Investeer daarom uw schat met de grootste voorzichtigheid opdat hij niet verloren gaat. Woekerrendementen zijn bedrieglijke sirenen die slechts zingen om de onoplettende op de rotsen van verlies en wroeging te lokken.

"Zorg er ook voor dat je familie niets tekort komt, mochten de Goden je naar hun rijk roepen. Voor zo'n bescherming is het altijd mogelijk om met kleine betalingen op regelmatige tijdstippen voorzieningen te treffen. Daarom talmt de voorzichtige mens niet in de verwachting dat een grote som beschikbaar zal komen voor zo'n wijs doel. "Raadpleeg wijze mannen. Vraag advies aan mannen wier dagelijks werk het omgaan met geld is. Laat hen je behoeden voor zo'n fout als ik zelf maakte door mijn geld toe te vertrouwen aan het oordeel van Azmur, de steenbakker. Een klein rendement en een veilig rendement is veel wenselijker dan risico.

"Geniet van het leven zolang je hier bent. Overspannen je niet en probeer niet te veel te sparen. Als een tiende van alles wat je verdient net zoveel is als je comfortabel kunt houden, wees dan tevreden met dit deel. Leef verder naar je inkomen en laat je niet gierig en bang worden om uit te geven. Het leven is goed en het leven is rijk aan dingen die de moeite waard zijn en dingen om van te genieten."

Zijn vrienden bedankten hem en gingen weg. Sommigen zwegen omdat ze geen verbeelding hadden en het niet konden begrijpen. Sommigen waren sarcastisch omdat ze vonden dat iemand die zo rijk is, zich zou moeten verdelen met oude vrienden die niet zo fortuinlijk waren. Maar sommigen hadden in hun ogen een nieuw licht. Ze beseften dat Algamisj telkens naar de kamer van de schriftgeleerden was teruggekomen omdat hij toekeek hoe een man zich uit de duisternis een weg naar het licht baande. Toen die man het licht gevonden had, wachtte hem een plaats. Niemand kon die plaats innemen voordat hij voor zichzelf zijn eigen inzicht had uitgewerkt, totdat hij klaar was voor de gelegenheid.

Deze laatsten waren het, die in de volgende jaren vaak bij Arkad op bezoek kwamen, die hen graag ontving. Hij gaf hun raad en gaf hun vrijelijk van zijn wijsheid, zoals mannen met ruime ervaring dat altijd graag doen. En hij hielp hen hun spaargeld zo te beleggen dat het veilig een goede rente zou opbrengen en niet verloren zou gaan of verstrikt zou raken in beleggingen die geen dividend opleverden.

Het keerpunt in het leven van deze mannen kwam op die dag toen ze de waarheid inzagen die van Algamish naar Arkad was gekomen en van Arkad naar hen.

EEN DEEL VAN ALLES WAT JE VERDIENT IS VOOR JOU OM TE HOUDEN.

Zeven kuren voor een magere portemonnee

De glorie van Babylon blijft voortduren. Door de eeuwen heen komt haar reputatie tot ons als de rijkste der steden, haar schatten als fabelachtig.

Toch was dat niet altijd zo. De rijkdom van Babylon was het resultaat van de wijsheid van haar inwoners.

Ze moesten eerst leren hoe ze rijk konden worden.

Toen de goede koning, Sargon, naar Babylon terugkeerde na zijn vijanden, de Elamieten, verslagen te hebben, werd hij geconfronteerd met een ernstige situatie. De koninklijke kanselier legde het de koning zo uit:

"Na vele jaren van grote voorspoed die ons volk gebracht werd doordat uwe majesteit de grote irrigatiekanalen en de machtige tempels van de Goden aanlegde, lijkt het volk, nu deze werken voltooid zijn, niet in staat zichzelf te onderhouden.

"De arbeiders zitten zonder werk. De kooplieden hebben weinig klanten. De boeren zijn niet in staat hun produkten te verkopen. Het volk heeft niet genoeg goud om voedsel te kopen."

"Maar waar is al het goud gebleven dat we voor deze grote verbeteringen hebben uitgegeven?" eiste de Koning.

"Het heeft zijn weg gevonden, vrees ik," antwoordde de kanselier, "in het bezit van een paar zeer rijke mannen van onze stad. Het is door de vingers van de meesten van ons volk gefilterd, even snel als de melk van de geit door de zeef gaat. Nu de stroom goud is opgehouden te stromen, hebben de meesten van ons volk niets meer om voor te werken."

De koning dacht een poosje na. Toen vroeg hij, "Waarom zouden zo weinig mannen in staat zijn al het goud te verwerven?"

"Omdat ze weten hoe," antwoordde de kanselier. "Men mag een man niet veroordelen omdat hij slaagt omdat hij weet hoe. Evenmin mag men met rechtvaardigheid van een man wegnemen wat hij eerlijk verdiend heeft, om het aan mannen van minder bekwaamheid te geven."

"Maar waarom," eiste de Koning, "zouden niet alle mensen leren hoe ze goud kunnen vergaren en daardoor zelf rijk en welvarend worden?" Heel goed mogelijk, uwe excellentie. Maar wie kan hen dat leren? Zeker niet de priesters, want die weten niets van geld verdienen".

"Wie weet het beste in heel onze stad hoe je rijk kunt worden, kanselier?" vroeg de koning.

"Uw vraag beantwoordt zichzelf, uwe majesteit. Wie heeft de grootste rijkdom vergaard, in Babylon?"

"Goed gezegd, mijn bekwame kanselier. Het is Arkad. Hij is de rijkste man van Babylon. Breng hem morgen voor me."

De volgende dag, zoals de koning had verordend, verscheen Arkad voor hem, recht en levenslustig ondanks zijn zeventig jaar.

"Arkad," sprak de koning, "is het waar dat gij de rijkste man van Babylon zijt?"

"Zo wordt het gemeld, majesteit, en niemand betwist het. "Hoe zijt gij zo rijk geworden?"

"Door gebruik te maken van de mogelijkheden die alle burgers van onze goede stad ter beschikking staan."

"Had je niets om mee te beginnen?"

"Alleen een groot verlangen naar rijkdom. Behalve dit, niets."

"Arkad," vervolgde de koning, "onze stad verkeert in een zeer ongelukkige toestand omdat een paar mannen weten hoe ze rijkdom kunnen verwerven en die daardoor monopoliseren, terwijl de massa van onze burgers niet weet hoe ze ook maar een deel van het goud dat ze ontvangen kunnen behouden."

Het is mijn wens dat Babylon de rijkste stad ter wereld wordt. Daarom moet het een stad zijn van veel welgestelde mannen. Daarom moeten we alle mensen leren hoe ze rijkdom kunnen verwerven. Zeg me, Arkad, is er een geheim om rijkdom te verwerven? Kan het geleerd worden?"

"Het is praktisch, uwe majesteit. Dat wat de een weet, kan de ander geleerd worden."

De ogen van de koning gloeiden. "Arkad, gij spreekt de woorden die ik wens te horen. Wilt gij u lenen voor deze grote zaak? Wilt gij uw kennis overdragen aan een school voor leraren, die elk anderen zullen onderwijzen tot er genoeg opgeleid zijn om deze waarheden aan elk waardig onderdaan in mijn domein te onderwijzen?"

Arkad boog en zei: "Ik ben uw nederige dienaar om te bevelen. Welke kennis ik ook bezit, ik zal ze graag geven voor de verbetering van mijn medemensen en de glorie van mijn Koning. Laat uw goede kanselier voor mij een klas van honderd man regelen en ik zal hun die zeven kuren leren die mijn beurs vet maakten, dan welke er geen magerder was in heel Babylon."

Twee weken later, op bevel van de koning, verzamelden de uitverkoren honderd zich in de grote zaal van de Tempel der Lering, gezeten op kleurige ringen in een halve cirkel. Arkad zat naast een kleine taboret waarop een heilige lamp rookte die een vreemde en aangename geur verspreidde.

"Aanschouw de rijkste man van Babylon," fluisterde een leerling, die zijn buurman een duwtje gaf toen Arkad opstond. "Hij is maar een mens, net als de rest van ons".

"Als een plichtsgetrouw onderdaan van onze grote Koning," begon Arkad, "sta ik voor u in zijn dienst.

Omdat ik eens een arme jongeling was die wel erg naar goud verlangde, en omdat ik kennis vond die me in staat stelde het te verwerven, vraagt hij dat ik je mijn kennis meedeel.

"Ik begon mijn fortuin op de nederigste manier. Ik had geen voordeel dat jij en iedere burger in Babylon niet even ten volle genoten."

De eerste voorraadkamer van mijn schat was een put-portemonnee. Ik verafschuwde de nutteloze leegte ervan. Ik wenste dat hij rond en vol was, rinkelend van het geluid van goud.

Daarom zocht ik elk middel tegen een magere beurs. Ik vond er zeven.

"Aan jullie, die voor mij verzameld zijn, zal ik de zeven remedies tegen een magere beurs uitleggen, die ik alle mensen die veel goud verlangen aanraad. Elke dag, zeven dagen lang, zal ik jullie een van de zeven remedies uitleggen.

"Luister aandachtig naar de kennis die ik zal meedelen. Debatteer er met mij over. Bespreek het onder elkaar. Leer deze lessen grondig, opdat ook gij in uw eigen beurs het zaad van rijkdom plant. Eerst moet ieder van jullie verstandig beginnen om een eigen fortuin op te bouwen. Dan pas, en pas dan, zul je bekwaam zijn om deze waarheden aan anderen te onderwijzen.

"Ik zal jullie op eenvoudige manieren leren hoe je je portemonnee kunt vetmesten. Dit is de eerste trede die naar de tempel van rijkdom leidt, en geen mens kan klimmen die zijn voeten niet stevig op de eerste trede kan zetten.

"We zullen nu de eerste remedie overwegen".

De eerste kuur: Begin uw beurs te mesten.

Arkad richtte zich tot een nadenkende man op de tweede rij. "Mijn goede vriend, in welk ambacht werkt gij?"

"Ik," antwoordde de man, "ben een schriftgeleerde en kerf platen op de kleitabletten." "Zelfs met zulk werk verdiende ik zelf mijn eerste koperen. Daarom hebt gij dezelfde gelegenheid om een fortuin op te bouwen."

Hij sprak tot een man met een fleurig gezicht, verder naar achteren. "Vertel ook wat gij doet om uw brood te verdienen?"

"Ik," antwoordde deze man, "ben een vleesslachter. Ik koop de geiten die de boeren grootbrengen en dood ze en verkoop het vlees aan de huisvrouwen en de huiden aan de sandalenmakers."

"Omdat ook gij arbeidt en verdient, hebt gij alle voordeel om te slagen dat ik wel bezat".

Op deze manier ging Arkad te werk om uit te vinden hoe elke man arbeidde om zijn brood te verdienen. Toen hij klaar was met hen te ondervragen, zei hij:

"Nu, mijn leerlingen, ziet gij dat er vele ambachten en werkzaamheden zijn waarmee de mens munten kan verdienen. Elk van de manieren om te verdienen is een stroom van goud, waarvan de arbeider door zijn arbeid een deel naar zijn eigen beurs afleidt.

Daarom vloeit in de beurs van ieder van jullie een stroom van munten, groot of klein, naar gelang zijn vermogen. Is het niet zo?"

Daarop waren ze het erover eens dat het zo was. "Dan," vervolgde Arkad, "als ieder van jullie voor zichzelf een fortuin wil opbouwen, is het dan niet verstandig te beginnen met gebruik te maken van die bron van rijkdom die hij al heeft aangelegd?"

Hiermee stemden ze in.

Toen wendde Arkad zich tot een nederige man die zich eierhandelaar had verklaard. "Als gij een van uw manden uitkiest en er elke morgen tien eieren in doet en er elke avond negen uit haalt, wat zal er dan uiteindelijk gebeuren?"

"Het zal op den duur overvol raken."

"Waarom?"

"Omdat ik er elke dag een ei meer in doe dan ik eruit haal."

Arkad wendde zich met een glimlach tot de klas. "Heeft iemand hier een magere beurs?"

Eerst keken ze geamuseerd. Toen lachten ze. Tenslotte zwaaiden ze schertsend met hun beursjes.

"Goed dan," ging hij verder, "Nu zal ik jullie de eerste remedie vertellen die ik geleerd heb om een magere beurs te genezen.

Doe precies zoals ik de eierhandelaar heb voorgesteld. Voor elke tien munten die je in je beurs legt, haal je er slechts negen voor gebruik uit. Je beurs zal meteen beginnen vetmesten en het toenemende gewicht ervan zal goed aanvoelen in je hand en voldoening brengen aan je ziel.

"Spot niet met wat ik zeg vanwege zijn eenvoud. Waarheid is altijd eenvoudig. Ik zei je dat ik zou vertellen hoe ik mijn fortuin opbouwde. Dit was mijn begin. Ook ik droeg een magere beurs en vervloekte hem omdat er niets in zat om mijn verlangens te bevredigen. Maar toen ik uit mijn beurs maar negen delen van de tien begon te halen die ik erin stopte, begon hij vet te worden. Zo zal het ook met de uwe gaan.

"Nu zal ik een vreemde waarheid vertellen, waarvan ik de reden niet ken. Toen ik ophield meer dan negen tiende van mijn verdiensten uit te betalen, kon ik me net zo goed redden. Ik was niet korter dan voorheen. Ook kwamen er, erelang, gemakkelijker munten naar me toe dan voorheen. Het is toch een wet van de Goden dat tot hem die een bepaald deel van al zijn verdiensten bewaart en niet uitgeeft, het goud gemakkelijker zal komen.

Evenzo, hem wiens beurs leeg is, ontloopt goud.

"Wat begeert gij het meest? Is het de bevrediging van je verlangens van elke dag, een juweel, een beetje opsmuk, betere kleding, meer voedsel; dingen die snel weg en vergeten zijn? Of zijn het substantiële bezittingen, goud, landerijen, kudden, handelswaar, investeringen die inkomsten opleveren? De munten die je uit je beurs neemt brengen het eerste. De munten die gij er in laat, brengen het laatste.

"Dit, mijn leerlingen, was de eerste remedie die ik wel ontdekte voor mijn magere beurs: 'Voor elke tien munten die ik erin stop, slechts negen uit te geven'. Debatteer hierover onder elkaar. Als iemand bewijst dat het niet waar is, zeg het me dan op de morgen wanneer we elkaar weer zullen ontmoeten."

De tweede remedie: Beheers uw uitgaven.

"Sommige van jullie leden, mijn leerlingen, hebben me dit gevraagd: Hoe kan een man een tiende van alles wat hij verdient in zijn beurs bewaren, als alle munten die hij verdient niet genoeg zijn voor zijn noodzakelijke uitgaven?" Zo sprak Arkad zijn leerlingen toe op de tweede dag.

"Hoeveel van jullie droegen gisteren magere portemonnees?"

"Wij allemaal," antwoordde de klas.

"Toch verdient gij niet allemaal evenveel. Sommigen verdienen veel meer dan anderen. Sommigen hebben veel grotere gezinnen te onderhouden. Toch waren alle beursjes even mager. Nu zal ik jullie een ongewone waarheid vertellen over mannen en zonen van mannen. Het is deze; Dat wat ieder van ons onze "noodzakelijke uitgaven" noemt, altijd even groot zal worden als onze inkomens, tenzij we tegen het tegendeel protesteren.

"Verwar de noodzakelijke uitgaven niet met je verlangens. Ieder van jullie heeft, samen met je goede gezinnen, meer verlangens dan je verdiensten kunnen bevredigen. Daarom worden je verdiensten besteed om deze verlangens te bevredigen voor zover ze zullen gaan. Toch behoud je nog vele onbevredigde verlangens.

"Alle mensen gaan gebukt onder meer verlangens dan ze kunnen bevredigen. Denkt gij vanwege mijn rijkdom dat ik elke begeerte kan bevredigen? 'T is een vals idee. Er zijn grenzen aan mijn tijd. Er zijn grenzen aan mijn kracht. Er zijn grenzen aan de afstand die ik mag afleggen. Er zijn grenzen aan wat ik mag eten. Er zijn grenzen aan de lust waarmee ik mag genieten.

"Ik zeg je dat zoals onkruid in een akker groeit waar de boer ruimte laat voor zijn wortels, zo vrijelijk groeien ook verlangens in de mens waar de mogelijkheid bestaat dat ze bevredigd worden. Je verlangens zijn een veelheid en de verlangens die je kunt bevredigen zijn er maar weinig.

"Bestudeer aandachtig je gebruikelijke leefgewoonten. Daarin zijn meestal bepaalde geaccepteerde uitgaven te vinden die wijselijk verminderd of geschrapt kunnen worden. Laat je motto honderd procent zijn van de gewaardeerde waarde die voor elke uitgegeven munt gevraagd wordt.

"Daarom, graveer op de klei elk ding waarvoor je wenst uit te geven. Kies die welke noodzakelijk zijn en andere die mogelijk zijn door de besteding van negen tiende van je inkomen. Streep de rest door en beschouw ze als slechts een deel van die grote veelheid van verlangens die onbevredigd moeten blijven en betreur ze niet.

"Begroot dan uw noodzakelijke uitgaven. Raak het een-tiende deel dat je beurs vetmest niet aan. Laat dit uw grote verlangen zijn dat vervuld wordt. Blijf werken met je budget, blijf het bijstellen om je te helpen. Maak het tot uw eerste assistent bij het verdedigen van uw vetmestende beurs."

Hierop stond een van de leerlingen, die een gewaad van rood en goud droeg, op en zei,

"Ik ben een vrij man. Ik geloof dat het mijn recht is van de goede dingen van het leven te genieten. Daarom kom ik in opstand tegen de slavernij van een budget dat bepaalt hoeveel ik mag uitgeven en waaraan. Ik heb het gevoel dat het veel plezier aan mijn leven zou ontnemen en me weinig meer zou maken dan een pakezel die een last moet dragen."

Op hem antwoordde Arkad: "Wie, mijn vriend, zou uw budget bepalen?"

"Ik zou het voor mezelf maken," antwoordde de protesterende.

"In dat geval, als een pakezel zijn last zou begroten, zou hij er dan juwelen en tapijten en zware staven goud in verwerken? Niet dus. Hij zou er hooi en graan in doen en een zak water voor de woestijnweg.

"Het doel van een budget is om je beurs te helpen vetmesten. Het is om je te helpen je eerste levensbehoeften te hebben en, voor zover haalbaar, je andere verlangens. Het is om je in staat te stellen je meest gekoesterde verlangens te verwezenlijken door ze te verdedigen tegen je toevallige wensen. Als een helder licht in een donkere grot laat je budget de lekken uit je beurs zien en stelt het je in staat ze te stoppen en je uitgaven te beheersen voor welbepaalde en bevredigende doeleinden.

"Dit is dan de tweede remedie tegen een magere beurs. Budgetteer je uitgaven, opdat je munten overhoudt om je levensbehoeften te betalen, je genoegens te bekostigen en je waardevolle verlangens te bevredigen zonder meer dan negentig procent van je inkomsten uit te geven."

De derde remedie: Laat uw goud zich vermenigvuldigen.

"Zie, uw magere beurs wordt vetgemest. Gij hebt uzelf gedisciplineerd om daarin een tiende te laten van alles wat gij verdient. Gij hebt uw uitgaven onder controle om uw groeiende schat te beschermen. Nu zullen we nadenken over middelen om je schat aan het werk te zetten en te vermeerderen. Goud in een beurs is bevredigend om te bezitten en stelt een gierige ziel tevreden, maar het levert niets op. Het goud dat we van onze verdiensten kunnen overhouden is slechts het begin.

De verdiensten die het zal opleveren, zullen ons fortuin opbouwen." Zo sprak Arkad op de derde dag tot zijn klas.

"Hoe kunnen we dan ons goud aan het werk zetten? Mijn eerste investering was ongelukkig, want ik verloor alles. Het verhaal ervan zal ik later vertellen. Mijn eerste winstgevende investering was een lening die ik verstrekte aan een man genaamd Aggar, een schildmaker. Eens per jaar kocht hij grote partijen brons die van over de zee werden aangevoerd om in zijn handel te gebruiken. Bij gebrek aan voldoende kapitaal om de kooplieden te betalen, leende hij van hen die extra munten hadden. Hij was een eerbaar man. Zijn lening betaalde hij terug, samen met een liberale huur, als hij zijn schilden verkocht.

"Telkens als ik aan hem leende, leende ik ook de huur terug die hij aan mij betaald had. Daardoor nam niet alleen mijn kapitaal toe, maar ook zijn inkomsten. Het meest bevredigend was het om deze bedragen in mijn beurs terug te zien vloeien. "Ik zeg jullie, mijn leerlingen, de rijkdom van een man zit niet in de munten die hij in zijn beurs draagt; het is het inkomen dat hij opbouwt, de gouden stroom die onophoudelijk in zijn beurs stroomt en hem altijd doet uitpuilen. Dat is wat ieder mens begeert. Dat is wat gij, ieder van jullie, begeert; een inkomen dat blijft komen, of je nu werkt of reist.

"Groot inkomen heb ik verworven. Zo groot dat ik een zeer rijk man genoemd word. Mijn leningen aan Aggar waren mijn eerste training in winstgevend investeren. Wijs geworden door deze ervaring breidde ik mijn leningen en investeringen uit naarmate mijn kapitaal toenam. Uit enkele bronnen eerst, uit vele bronnen later, vloeide in mijn beurs een gouden stroom van rijkdom die beschikbaar was voor zo wijs gebruik als ik zou besluiten.

"Zie, uit mijn nederige verdiensten had ik een schare gouden slaven verwekt, die elk voor zich werkten en meer goud verdienden. Zoals zij voor mij werkten, zo werkten ook hun kinderen en de kinderen van hun kinderen, tot de opbrengst van hun gezamenlijke inspanningen groot was.

"Goud neemt snel toe bij redelijke verdiensten, zoals je uit het volgende zult zien:

Een boer bracht, toen zijn eerste zoon geboren was, tien stukken zilver naar een geldschieter en vroeg hem het voor zijn zoon in huur te houden tot hij twintig jaar oud was. Dit deed de geldschieter, en hij kwam overeen dat de huur elke vier jaar een vierde van de waarde zou bedragen. De boer vroeg, omdat hij deze som had gereserveerd als eigendom van zijn zoon, dat de huur bij de hoofdsom werd opgeteld. "Toen de jongen de leeftijd van twintig jaar bereikt had, ging de boer opnieuw naar de geldschieter om te informeren naar het zilver. De geldschieter legde uit dat, omdat deze som door samengestelde interest was verhoogd, de oorspronkelijke tien stukken zilver nu waren aangegroeid tot dertig en een half stukken.

"De boer was wel tevreden en omdat de zoon de munten niet nodig had, liet hij ze bij de geldschieter achter. Toen de zoon vijftig jaar was geworden, de vader intussen naar de andere wereld overgegaan, betaalde de geldschieter de zoon in schikking honderd zevenenzestig zilverstukken.

"Zo had de investering zich in vijftig jaar tegen huurprijs bijna zeventien maal vermenigvuldigd.

"Dit is dan de derde remedie tegen een magere beurs: elke munt aan het werk zetten, opdat ze zich voortplant zoals de kudden van het veld en helpt je inkomen te brengen, een stroom van rijkdom die voortdurend in je beurs zal vloeien".

De vierde remedie: Behoed uw schatten voor verlies.

"Ongeluk houdt van een glanzend merkteken. Goud in iemands beurs moet met vastberadenheid bewaakt worden, anders gaat het verloren. Zo is het verstandig dat we eerst kleine hoeveelheden veilig stellen en leren ze te beschermen voordat de Goden ons grotere toevertrouwen." Zo sprak Arkad op de vierde dag tot zijn klas.

"Iedere bezitter van goud wordt verleid door mogelijkheden waarbij het lijkt dat hij grote sommen zou kunnen verdienen door het te investeren in de meest aannemelijke projecten. Vaak stappen vrienden en familieleden gretig in zo'n investering en sporen hem aan te volgen.

"Het eerste gezonde principe van beleggen is zekerheid voor uw hoofdsom. Is het verstandig geïntrigeerd te zijn door grotere verdiensten als je hoofdsom verloren kan gaan? Ik zeg van niet. De straf op risico is waarschijnlijk verlies. Bestudeer zorgvuldig, voordat je afstand doet van je schat, elke verzekering dat ze veilig teruggewonnen kan worden. Laat je niet misleiden door je eigen romantische verlangens om snel rijkdom te vergaren.

"Voor je het aan iemand uitleent verzeker je van zijn vermogen het terug te betalen en van zijn reputatie dat te doen, opdat je hem niet ongewild jouw zuurverdiende schat cadeau doet.

"Voor gij het als een investering op welk gebied dan ook toevertrouwt, informeert gij uzelf over de gevaren die er aan verbonden kunnen zijn.

"Mijn eigen eerste investering was op dat moment een tragedie voor me. Het bewaakte spaargeld van een jaar vertrouwde ik wel toe aan een steenbakker, Azmur genaamd, die op reis was over de verre zeeën en in Tyrus ermee instemde voor mij de zeldzame juwelen van de Phoeniciërs te kopen. Deze zouden we bij zijn terugkeer verkopen en de winst verdelen.

De Phoeniciërs waren schurken en verkochten hem stukjes glas. Mijn schat ging verloren. Vandaag zou mijn training me meteen de dwaasheid laten zien om een steenbakker toe te vertrouwen juwelen te kopen.

"Daarom geef ik u raad vanuit de wijsheid van mijn ervaringen: wees niet te zeker van uw eigen wijsheid als u uw schatten toevertrouwt aan de mogelijke valkuilen van beleggingen. Verreweg beter is het de wijsheid te raadplegen van hen die ervaren zijn in het omgaan met geld om winst te maken. Zulk advies wordt gratis gegeven en kan gemakkelijk een waarde in goud bezitten die gelijk is aan het bedrag dat gij overweegt te investeren. In werkelijkheid is dat de werkelijke waarde ervan, als ze je voor verlies behoedt.

"Dit is dan de vierde remedie tegen een magere beurs, en van groot belang als ze voorkomt dat je beurs leeg raakt als hij eenmaal goed gevuld is. Behoed je schat voor verlies door alleen te beleggen waar je hoofdsom veilig is, waar je hem kunt terugvorderen als dat wenselijk is, en waar je niet zult nalaten een eerlijke huur te innen. Raadpleeg wijze mannen. Verzeker je van de raad van hen die ervaren zijn in het winstgevend omgaan met goud. Laat hun wijsheid uw schat beschermen tegen onveilige beleggingen".

De Vijfde Kuur: Maak van uw woning een winstgevende investering.

"Als een man negen delen van zijn verdiensten opzij zet om van te leven en te genieten, en als hij ook maar een deel van deze negen delen kan omzetten in een winstgevende investering zonder afbreuk te doen aan zijn welzijn, dan zullen zijn schatten zoveel sneller groeien". Zo sprak Arkad tot zijn klas bij hun vijfde les.

"Maar al te veel van onze mannen van Babylon voeden hun gezinnen op in onbetamelijke vertrekken. Zij betalen aan veeleisende huisbazen liberale huren voor kamers waar hun vrouwen geen plek hebben om de bloemen te laten bloeien die het hart van een vrouw verblijden en hun kinderen geen plaats hebben om hun spel te spelen behalve in de onreine stegen.

"Geen mannengezin kan ten volle van het leven genieten als het geen stuk grond heeft waar de kinderen in de schone aarde kunnen spelen en waar de echtgenote niet alleen bloesems maar ook goede rijke kruiden kan laten groeien om haar gezin te voeden.

"Voor het hart van een man brengt het blijdschap om de vijgen van zijn eigen bomen en de druiven van zijn eigen wijnstokken te oten. Zijn eigen woning te bezitten en er een plaats van te maken waar hij trots voor zorgt, geeft vertrouwen in zijn hart en een grotere inspanning achter al zijn pogingen. Daarom beveel ik aan dat iedere man het dak bezit dat hem en de zijnen beschut.

"Ook ligt het niet buiten het vermogen van elke goedwillende man om zijn huis te bezitten. Heeft onze grote koning de muren van Babylon niet zo wijd uitgebreid, dat binnen die muren nu veel land ongebruikt

is en tegen de meest redelijke bedragen gekocht kan
worden?

"Ook zeg ik jullie, mijn leerlingen, dat de geldschieters
gaarne rekening houden met de verlangens van mannen
die huizen en land voor hun gezin zoeken. Gij kunt
gemakkelijk lenen om de steenbakker en de bouwer voor
zulke prijzenswaardige doeleinden te betalen, als gij een
redelijk deel kunt laten zien van het benodigde bedrag dat
gij zelf voor het doel hebt uitgetrokken.

"Dan, wanneer het huis gebouwd is, kunt gij de
geldschieter met dezelfde regelmaat betalen als gij de
huisbaas deedt. Omdat elke betaling je schuld aan de
geldschieter zal verminderen, zal een paar jaar zijn lening
bevredigen.

"Dan zal je hart blij zijn, want je zult in je eigen recht een
waardevol bezit bezitten en je enige kosten zullen de
belastingen van de koning zijn.

"Ook zal uw goede vrouw vaker naar de rivier gaan om uw
gewaden te wassen, zodat zij bij elke terugkeer een
geitenvel water meebrengt om over de groeiende dingen te
gieten.

"Zo komen vele zegeningen toe aan de man die zijn eigen
huis bezit. En het zal zijn kosten van levensonderhoud
sterk verminderen, waardoor meer van zijn verdiensten
beschikbaar komen voor pleziertjes en de bevrediging van
zijn verlangens. Dit, dus, is de vijfde remedie tegen een
magere beurs: Bezit uw eigen huis".

Het zesde geneesmiddel: Verzeker je van een toekomstig inkomen.

"Het leven van ieder mens verloopt van zijn kinderjaren tot zijn ouderdom. Dit is de weg van het leven en geen mens mag ervan afwijken, tenzij de Goden hem voortijdig naar de wereld aan gene zijde roepen. Daarom zeg ik dat het een man betaamt voorbereidingen te treffen voor een passend inkomen in de dagen die komen, als hij niet meer jong is, en voorbereidingen te treffen voor zijn gezin als hij niet meer bij hen is om hen te troosten en te ondersteunen. Deze les zal je instrueren in het zorgen voor een gevulde beurs als de tijd je minder in staat heeft gemaakt om te leren." Zo sprak Arkad op de zesde dag zijn klas toe.

"De man die, door zijn inzicht in de wetten van de rijkdom, een groeiend overschot verwerft, moet nadenken over die toekomstige dagen. Hij moet bepaalde investeringen plannen of voorzieningen treffen die vele jaren veilig kunnen standhouden en toch beschikbaar zullen zijn wanneer de tijd aanbreekt die hij zo wijselijk heeft voorzien. "Er zijn verschillende manieren waarop een man met veiligheid voor zijn toekomst kan zorgen. Hij kan zorgen voor een schuilplaats en daar een geheime schat begraven. Maar, met welke vaardigheid die ook verborgen wordt, hij kan niettemin de buit van dieven worden. Daarom raad ik dit plan niet aan.

"Een man kan voor dit doel huizen of landerijen kopen. Als ze verstandig gekozen worden wat betreft hun nut en waarde in de toekomst, zijn ze blijvend in hun waarde en hun inkomsten of hun verkoop zullen goed voorzien in zijn doel.

"Een man kan een kleine som aan de geldschieter lenen en die met regelmatige tussenpozen verhogen. De huur die de geldschieter er aan toevoegt, zal in grote mate bijdragen aan de vermeerdering ervan. Ik ken wel een sandalenmaker, Ansan genaamd, die me niet lang geleden verklaarde dat hij acht jaar lang elke week twee stukken zilver bij zijn geldschieter in bewaring had gegeven. De geldschieter had hem nog maar kort geleden een afrekening gegeven waarover hij zich zeer verheugde. Het totaal van zijn kleine deposito's met hun verhuur tegen het gebruikelijke tarief van eenvierde van hun waarde voor elke vier jaar, was nu duizendveertig zilverstukken geworden.

"Ik moedigde hem wel graag verder aan door hem met mijn kennis van de getallen aan te tonen dat over nog eens twaalf jaar, als hij zijn regelmatige stortingen van maar twee zilverstukken per week zou volhouden, de geldschieter hem dan vierduizend zilverstukken schuldig zou zijn, een waardige bekwaamheid voor de rest van zijn leven.

"Zeker, wanneer zo'n kleine betaling die met regelmaat gedaan wordt zulke winstgevende resultaten oplevert, kan geen man het zich veroorloven zich niet te verzekeren van een schat voor zijn oude dag en de bescherming van zijn gezin, hoe voorspoedig zijn zaken en zijn beleggingen ook mogen zijn.

"Ik zou willen dat ik hier meer over kon zeggen. In mijn geest rust de overtuiging dat verstandige mensen op een dag een plan zullen bedenken om zich tegen de dood te verzekeren, waarbij veel mensen regelmatig maar een klein bedrag storten en het totaal een mooi bedrag oplevert voor de familie van elk lid dat naar het hiernamaals overgaat. Dit zie ik als iets wenselijks en wat ik ten zeerste zou kunnen aanbevelen. Maar vandaag is het niet mogelijk, want het moet verder reiken dan het leven van een man of een partnerschap om te kunnen werken. Het moet zo stabiel zijn als de troon van de koning. Op een dag voel ik dat zo'n plan werkelijkheid zal worden en voor veel mannen een grote zegen zal zijn, want zelfs de eerste kleine betaling zal een knus fortuin beschikbaar maken voor de familie van een lid, mocht hij overgaan.

"Maar omdat we in onze eigen tijd leven en niet in de dagen die komen gaan, moeten we gebruik maken van die middelen en manieren om onze doelen te bereiken. Daarom raad ik alle mensen aan, door wijze en weldoordachte methodes een voorziening te treffen tegen een magere beurs in hun volwassen jaren. Want een magere beurs voor een man die niet meer in staat is te verdienen of voor een gezin zonder hoofd is een pijnlijke tragedie.

"Dit, dan, is de zesde remedie tegen een magere beurs. Voorzie van tevoren in de behoeften van uw groeiende leeftijd en in de bescherming van uw gezin".

Het zevende geneesmiddel: Verhoog uw vermogen om te verdienen.

"This day do I speak to thee, my students, of one of the most vital remedies for a lean purse.

Yet, I will talk not of gold but of yourselves, of the men beneath the robes of many colors who do sit before me. I will talk to you of those things within the minds and lives of men which do work for or against their success." So did Arkad address his class upon the seventh day.

"Not long ago came to me a young man seeking to borrow. When I questioned him the cause of his necessity, he complained that his earnings were insufficient to pay his expenses. Thereupon I explained to him, this being the case, he was a poor customer for the money lender, as he possessed no surplus earning capacity to repay the loan.

"What you need, young man,' I told him, 'is to earn more coins. What dost thou to increase thy capacity to earn?'

"All that I can do' he replied. 'Six times within two moons have I approached my master to request my pay be increased, but without success. No man can go oftener than that."

"We may smile at his simplicity, yet he did possess one of the vital requirements to increase his earnings. Within him was a strong desire to earn more, a proper and commendable desire.

"Preceding accomplishment must be desire. Thy desires must be strong and definite. General desires are but weak longings. For a man to wish to be rich is of little purpose. For a man to desire five pieces of gold is a tangible desire which he can press to fulfillment. After he has backed his desire for five pieces of gold with strength of purpose to secure it, next he can find similar ways to obtain ten pieces and then twenty pieces and later a thousand pieces and, behold, he has become wealthy. In learning to secure his one definite small desire, he hath trained himself to secure a larger one. This is the process by which wealth is accumulated: first in small sums, then in larger ones as a man learns and becomes more capable.

"Desires must be simple and definite. They defeat their own purpose should they be too many, too confusing, or beyond a man's training to accomplish."

As a man perfecteth himself in his calling even so doth his ability to earn increase. In those days when I was a humble scribe carving upon the clay for a few coppers each day, I observed that other workers did more than I and were paid more. Therefore, did I determine that I would be exceeded by none. Nor did it take long for me to discover the reason for their greater success. More interest in my work, more concentration upon my task, more persistence in my effort, and, behold, few men could carve more tablets in a day than I. With reasonable promptness my increased skill was rewarded, nor was it necessary for me to go six times to my master to request recognition. "The more of wisdom we know, the more we may earn. That man who seeks to learn more of his craft shall be richly rewarded. If he is an artisan, he may seek to learn the methods and the tools of those most skillful in the same line. If he laboreth at the law or at healing, he may consult and exchange knowledge with others of his calling. If he be a merchant, he may continually seek better goods that can be purchased at lower prices.

"Always do the affairs of man change and improve because keen-minded men seek greater skill that they may better serve those upon whose patronage they depend. Therefore, I urge all men to be in the front rank of progress and not to stand still, lest they be left behind. "Many things come to make a man's life rich with gainful experiences. Such things as the following, a man must do if he respect himself:

"He must pay his debts with all the promptness within his power, not purchasing that for which he is unable to pay.

"He must take care of his family that they may think and speak well of him. "He must make a will of record that, in case the Gods call him, proper and honorable division of his property be accomplished.

"He must have compassion upon those who are injured and smitten by misfortune and aid them within reasonable limits. He must do deeds of thoughtfulness to those dear to him.

"Thus the seventh and last remedy for a lean purse is to cultivate thy own powers, to study and become wiser, to become more skillful, to so act as to respect thyself. Thereby shalt thou acquire confidence in thy self to achieve thy carefully considered desires.

"These then are the seven cures for a lean purse, which, out of the experience of a long and successful life, I do urge for all men who desire wealth. "There is more gold in Babylon, my students, than thou dreamest of. There is abundance for all.

"Go thou forth and practice these truths that thou mayest prosper and grow wealthy, as is thy right.

"Go thou forth and teach these truths that every honorable subject of his majesty may also share liberally in the ample wealth of our beloved city."

Ontmoet de Godin van Goed Geluk

"Als een man geluk heeft, is de mogelijke omvang van zijn geluk niet te voorspellen. Werp hem in de Eufraat en zoals niet zal hij eruit zwemmen met een parel in zijn hand".

--- Babylonisch Spreekwoord.

Het verlangen om geluk te hebben is universeel. Het was vierduizend jaar geleden in het oude Babylon even sterk in de borsten van mannen als het nu is. We hopen allemaal begunstigd te worden door de grillige Godin van het Geluk. Is er een manier waarop we haar kunnen ontmoeten en niet alleen haar gunstige aandacht, maar ook haar gulle gunsten kunnen aantrekken? Is er een manier om geluk aan te trekken? Dat is precies wat de mannen van het oude Babylon wilden weten. Het is precies wat ze besloten uit te zoeken. Het waren schrandere mannen en scherpe denkers. Dat verklaart waarom hun stad de rijkste en machtigste stad van hun tijd werd.

In dat verre verleden hadden ze geen scholen of hogescholen. Niettemin hadden ze een centrum van geleerdheid en een heel praktisch centrum was het. Onder de hoog oprijzende gebouwen in Babylon was er een die in belangrijkheid op één lijn stond met het paleis van de koning, de hangende tuinen en de tempels van de goden. Je vindt er schaarse vermeldingen van in de geschiedenisboeken, meer waarschijnlijk helemaal geen, maar toch oefende het een krachtige invloed uit op het denken van die tijd.

Dit gebouw was de Tempel van het Leren, waar de wijsheid van het verleden door vrijwillige leraren uiteengezet werd en waar onderwerpen van algemeen belang in open forums besproken werden. Binnen zijn muren ontmoetten alle mensen elkaar als gelijken. De nederigste van de slaven kon straffeloos de meningen van een prins van het koninklijk huis betwisten.

Onder de velen die de Tempel van het Leren bezochten, was een wijze rijke man, Arkad genaamd, die de rijkste man van Babylon genoemd werd. Hij had zijn eigen speciale zaal waar bijna elke avond een grote groep mannen, sommige oud, sommige heel jong, maar meestal van middelbare leeftijd, bijeenkwam om interessante onderwerpen te bespreken en te bediscussiëren. Stel dat we meeluisteren om te zien of ze wisten hoe je geluk kon aantrekken.

De zon was net ondergegaan als een grote rode vuurbol die door de waas van woestijnstof scheen, toen Arkad naar zijn vertrouwde platform kuierde. Reeds volle viertallen mannen wachtten op zijn komst, liggend op hun kleine kleedjes die op de vloer uitgespreid lagen. Nog steeds arriveerden er meer.

"Wat zullen we deze avond bespreken?" vroeg Arkad.

Na een korte aarzeling sprak een lange lakenwever hem aan, terwijl hij opstond zoals de gewoonte was. "Ik heb een onderwerp dat ik graag besproken zou horen, maar aarzel toch om het aan te bieden, opdat het u, Arkad, en mijn goede vrienden hier niet belachelijk zou lijken."

Toen hij aangespoord werd het aan te bieden, zowel door Arkad als door oproepen van de anderen, ging hij verder: "Deze dag heb ik geluk gehad, want ik heb een beursje gevonden waarin goudstukken zitten. Geluk te blijven hebben is mijn grote wens. Omdat ik voel dat alle mensen dit verlangen met mij delen, stel ik voor dat we debatteren over hoe we geluk kunnen aantrekken, zodat we manieren kunnen ontdekken waarop het tot één gelokt kan worden."

"Er is een zeer interessant onderwerp aangereikt, merkte Arkad op, "een dat onze discussie zeer waard is. Voor sommigen lijkt geluk slechts een toevallige gebeurtenis die, net als een ongeluk, iemand zonder doel of reden kan overkomen. Anderen geloven dat de aanstichtster van alle geluk onze meest vrijgevige godin, Ashtar, is, die er altijd op uit is om degenen die haar behagen met gulle gaven te belonen. Spreek op, mijn vrienden, wat zeggen jullie, zullen we zoeken of er middelen zijn waarmee het geluk kan worden verleid om ieder van ons te bezoeken?"

"Ja, ja! En veel ervan!" antwoordde de groeiende groep gretige toehoorders. Daarop vervolgde Arkad, "Om onze discussie te beginnen, laten we eerst horen van degenen onder ons die soortgelijke ervaringen hebben opgedaan als de lakenwever bij het vinden of ontvangen, zonder inspanning van hun kant, van waardevolle schatten of juwelen."

Er viel een pauze waarin allen om zich heen keken in de verwachting dat iemand zou antwoorden, maar niemand deed dat.

"Wat, niemand?" zei Arkad, "dan moet dit soort geluk inderdaad zeldzaam zijn. Wie zal nu een suggestie doen over waar we onze zoektocht zullen voortzetten?" Dat zal ik doen," sprak een goed geklede jongeman, opstaand. "Als een man over geluk spreekt, is het dan niet natuurlijk dat zijn gedachten naar de winsttafels gaan? Is het niet daar dat we veel mannen vinden die de gunst van de godin het hof maken in de hoop dat ze hen met rijke winsten zal zegenen?"

Terwijl hij zijn zetel hervatte riep een stem, "Niet ophouden! Ga door met je verhaal! Vertel ons, vond gij gunst bij de godin aan de speeltafels? Draaide zij de blokjes met de rode kant naar boven zodat gij uw beurs vulde op kosten van de dealer of stond zij toe dat de blauwe kanten naar boven kwamen zodat de dealer uw zuurverdiende zilverstukken binnenharkte?"

De jongeman sloot zich aan bij het goedmoedige gelach, en antwoordde toen: "Ik ben er niet afkerig van toe te geven dat ze niet eens scheen te weten dat ik er was. Maar hoe zit het met de rest van jullie?

Hebben jullie haar gevonden terwijl ze wachtte over zulke plaatsen om de blokjes te rollen, in jullie voordeel? We staan te popelen om zowel te horen als te leren."

"Een wijs begin," brak Arkad in. "We komen hier bijeen om alle kanten van elke vraag te overwegen. De speeltafel negeren zou een instinct over het hoofd zien dat de meeste mannen gemeen hebben, de liefde om met een kleine hoeveelheid zilver een gokje te wagen in de hoop veel goud te winnen."

"Dat doet me denken aan de wedstrijden van gisteren," riep een andere toehoorder. "Als de godin de speeltafels bezoekt, dan ziet ze zeker de races niet over het hoofd, waar de vergulde strijdwagens en de schuimende paarden veel meer opwinding bieden. Zeg eens eerlijk, Arkad, fluisterde ze je gisteren in om in te zetten op die grijze paarden uit Nineveh? Ik stond vlak achter je en kon mijn oren nauwelijks geloven toen ik je hoorde inzetten op de grijze paarden. Gij weet net zo goed als ieder van ons dat geen enkel team in heel Assyrië onze geliefde baaien in een eerlijke race kan verslaan.

"Fluisterde de godin in je oor om op de grijzen te wedden omdat bij de laatste bocht de zwarte binnenkant zou struikelen en zich zo met onze baaien zou bemoeien dat de grijzen de race zouden winnen en een onverdiende overwinning zouden behalen?"

Arkad glimlachte toegeeflijk om de plagerij. "Welke reden hebben we om te denken dat de goede godin zoveel belang zou stellen in de weddenschap van een man op een paardenrace? Voor mij is ze een godin van liefde en waardigheid, wier genoegen het is hen te helpen die in nood zijn en hen te belonen die het verdienen. Ik zoek haar niet aan de speeltafels of bij de wedrennen waar mannen meer goud verliezen dan ze winnen, maar op andere plaatsen waar het doen en laten van de mensen meer de moeite waard is en een beloning verdient.

"In het bewerken van de grond, in eerlijke handel, in alle bezigheden van de mens, is er gelegenheid om winst te maken op zijn inspanningen en zijn transacties. Misschien zal hij niet altijd beloond worden, want soms kan zijn oordeel gebrekkig zijn en andere keren kunnen de wind en het weer zijn pogingen teniet doen. Toch mag hij, als hij volhoudt, meestal verwachten dat hij zijn winst zal realiseren. Dit is zo omdat de kansen op winst altijd in zijn voordeel zijn.

"Maar, wanneer een man de spelen speelt, is de situatie omgekeerd, want de kansen op winst zijn altijd tegen hem en altijd in het voordeel van de spelhouder. Het spel is zo geregeld dat het altijd in het voordeel van de spelhouder uitvalt. Het is zijn zaak waarop hij een liberale winst voor zichzelf plant te maken van de munten die de spelers inzetten. Weinig spelers beseffen hoe zeker de winst van de spelhouder is en hoe onzeker hun eigen kansen om te winnen.

"Laten we bijvoorbeeld denken aan weddenschappen die op de kubus worden geplaatst. Telkens als hij geworpen wordt, wedden we welke kant boven zal komen. Als het de rode kant is betaalt de spelmeester ons viermaal onze inzet. Maar als een andere van de vijf zijden boven komt, verliezen we onze inzet. Zo blijkt uit de cijfers dat we voor elke worp vijf kansen hebben om te verliezen, maar omdat de rode vier voor één uitbetaalt, hebben we vier kansen om te winnen. In een avondspel kan de spelmeester verwachten dat hij een vijfde van alle ingezette munten voor zijn winst zal houden. Kan een man verwachten meer dan af en toe te winnen tegen kansen die zo geregeld zijn dat hij een vijfde van al zijn inzetten moet verliezen?"

"Toch zijn er mannen die soms grote sommen winnen," bood een van de toehoorders zich vrijwillig aan. "Helemaal waar, dat doen ze," ging Arkad verder. "Dit realiserend, komt de vraag bij me op of geld dat op zo'n manier veilig gesteld is, blijvende waarde brengt aan hen die zo'n geluk hebben. Onder mijn kennissen zijn veel succesvolle mannen van Babylon, maar toch kan ik er onder hen niet één noemen die zijn succes uit zo'n bron begon.

"Jullie die hier vanavond bijeen zijn kennen nog veel meer van onze aanzienlijke burgers. Het zou mij veel interesseren te vernemen hoeveel van onze succesvolle burgers hun begin van succes aan de speeltafels te danken hebben. Stel dat ieder van jullie vertelt over degenen die je kent. Wat zeggen jullie?"

Na een langdurige stilte waagde een kwinkslag: "Zou uw onderzoek ook de jachtopzieners omvatten?" "Als je aan niemand anders denkt," antwoordde Arkad.

"Als niet één van jullie aan iemand anders kan denken, hoe zit het dan met jullie zelf? Zijn er onder ons consequente winnaars die aarzelen om zo'n bron voor hun inkomsten te adviseren?"

Zijn uitdaging werd beantwoord door een reeks kreunen uit de achterhoede die werden opgevangen en verspreid onder veel gelach.

"Het lijkt erop dat we ons geluk niet zoeken op plaatsen die de godin frequenteert," vervolgde hij. "Laten we daarom andere terreinen verkennen. We hebben het niet gevonden in het oprapen van verloren portemonnees.

Evenmin hebben we het gevonden bij het achtervolgen van de speeltafels. Wat de wedstrijden betreft, moet ik bekennen dat ik daar veel meer munten verloren heb dan ik ooit gewonnen heb.

"Stel nu dat we onze ambachten en bedrijven in ogenschouw nemen. Is het niet normaal dat als we een winstgevende transactie afsluiten we dat niet als geluk beschouwen maar als een rechtvaardige beloning voor onze inspanningen? Ik ben geneigd te denken dat we misschien de gaven van de godin over het hoofd zien. Misschien staat ze ons werkelijk bij terwijl we haar vrijgevigheid niet op prijs stellen. Wie kan verdere discussie voorstellen?"

Daarop stond een oudere koopman op, zijn deftig wit gewaad gladstrijkend. "Met uw toestemming, meest eerbiedwaardige Arkad en mijn vrienden, doe ik een voorstel. Als we, zoals je gezegd hebt, onze eigen industrie en bekwaamheid de eer geven voor ons zakelijk succes, waarom dan niet eens stilstaan bij de successen die we bijna genoten maar die ons ontglipten, gebeurtenissen die het meest winstgevend geweest zouden zijn. Het zouden zeldzame voorbeelden van geluk geweest zijn als ze werkelijk gebeurd waren. Omdat ze niet tot vervulling kwamen kunnen we ze niet als onze rechtvaardige beloningen beschouwen. Zeker hebben veel mannen hier zulke ervaringen te vertellen."

"Dit is een verstandige benadering," keurde Arkad goed. "Wie van jullie heeft het geluk binnen handbereik gehad om het vervolgens te zien ontsnappen?"

Vele handen werden opgestoken, waaronder die van de koopman. Arkad gebaarde hem te spreken.

"Omdat jij deze aanpak voorstelde, willen we het eerst van jou horen." "Ik zal graag een verhaal vertellen," ging hij verder, "dat illustreert hoe dicht een man het geluk kan naderen en hoe blindelings hij het kan laten ontsnappen, tot zijn verlies en latere spijt.

"Vele jaren geleden, toen ik een jonge man was, net getrouwd en goed begonnen met verdienen, kwam mijn vader op een dag en drong er met klem op aan dat ik in een belegging zou stappen. De zoon van een van zijn goede vrienden had kennis genomen van een dorre lap grond niet ver buiten de buitenmuren van onze stad. Het lag hoog boven het kanaal waar geen water bij kon komen.

"De zoon van mijn vaders vriend beraamde een plan om dit land te kopen, er drie grote waterraderen te bouwen die door ossen bediend konden worden en zo het levengevende water naar de vruchtbare grond te brengen. Dit volbrachte, was hij van plan in kleine traktaten te verdelen en aan de bewoners van de stad te verkopen voor kruidentuintjes. "De zoon van mijn vaders vriend bezat niet voldoende goud om zo'n onderneming te voltooien. Net als ik was hij een jongeman die een redelijk bedrag verdiende. Zijn vader was, net als de mijne, een man van groot gezin en kleine middelen. Hij besloot daarom een groep mannen te interesseren om samen met hem in de onderneming te stappen. De groep zou uit twaalf man bestaan, van wie elk een geldverdiener moest zijn en ermee instemde een tiende van zijn inkomsten in de onderneming te storten tot het land verkoopklaar gemaakt was. Allen zouden dan rechtvaardig delen in de winst in verhouding tot hun investering".

'Gij, mijn zoon,' besprak mijn vader me, 'zijt nu in uw jonge mannelijkheid. Het is mijn diepe wens dat gij begint met de bouw van een waardevol landgoed voor mijzelf, opdat gij gerespecteerd zult worden onder de mensen. Ik verlang dat gij profiteert van de kennis van de ondoordachte fouten van uw vader."

Dit verlang ik vurig, mijn vader," antwoordde ik.

"Dan, dit raad ik je aan. Doe wat ik op jouw leeftijd gedaan zou hebben. Houd van je verdiensten een tiende af om in gunstige beleggingen te steken. Met dit een-tiende deel van je inkomsten en wat het ook zal opbrengen, kun je, voordat je mijn leeftijd hebt bereikt, voor jezelf een waardevol landgoed vergaren.

"Uw woorden zijn woorden van wijsheid, mijn vader. Groot is mijn verlangen naar rijkdom. Toch zijn er vele toepassingen waartoe mijn verdiensten geroepen zijn. Daarom aarzel ik te doen wat gij raadt. Ik ben jong.

Er is tijd genoeg.

'Zo dacht ik op uw leeftijd, maar zie, vele jaren zijn voorbijgegaan en ik heb nog geen begin gemaakt'.

'Wij leven in een andere tijd, mijn vader. Ik zal jouw fouten vermijden.'

'De gelegenheid staat voor je, mijn zoon. Ze biedt een kans die tot rijkdom kan leiden. Ik smeek je, treuzel niet. Ga op de morgen naar de zoon van mijn vriend en onderhandel met hem om tien procent van je verdiensten in deze investering te storten. Ga prompt op de morgen. De gelegenheid wacht op niemand. Vandaag is ze er; weldra is ze verdwenen. Daarom, treuzel niet!

"Ondanks het advies van mijn vader aarzelde ik toch. Er waren prachtige nieuwe gewaden net door de handelaars uit het Oosten gebracht, gewaden van zo'n rijkdom en schoonheid dat mijn goede vrouw en ik vonden dat we er elk een moesten bezitten. Zou ik ermee instemmen een tiende van mijn inkomsten in de onderneming te storten, dan moesten we ons deze en andere genoegens die we zo begeerden, ontzeggen. Ik stelde het nemen van een beslissing uit tot het te laat was, tot mijn latere spijt. De onderneming bleek toch winstgevender te zijn dan wie dan ook had voorspeld. Dit is mijn verhaal, waaruit blijkt hoe ik het geluk toch liet ontsnappen."

"In dit verhaal zien we hoe het geluk wacht om te komen tot de man die de gelegenheid aanneemt," becommentarieerde een zwartharige man uit de woestijn. "Aan het opbouwen van een landgoed moet altijd een begin zijn. Dat begin kan bestaan uit een paar stukken goud of zilver die een man van zijn verdiensten besteedt aan zijn eerste investering. Ikzelf ben de eigenaar van vele kuddes. Het begin van mijn kuddes maakte ik toen ik nog maar een jongen was en met één stuk zilver een jong kalf kocht.

Dit, het begin van mijn rijkdom, was voor mij van groot belang.

"Een eerste begin maken met het opbouwen van een landgoed is het meeste geluk dat een man kan overkomen. Bij alle mannen is die eerste stap, die hen verandert van mannen die verdienen met hun eigen arbeid in mannen die dividenden trekken uit de verdiensten van hun goud, belangrijk. Sommigen nemen hem gelukkig al jong en overtreffen daarmee in financieel succes degenen die hem later nemen of de ongelukkige mannen, zoals de vader van deze koopman, die hem nooit nemen.

"Had onze vriend, de koopman, deze stap gezet in zijn vroege manschap toen deze gelegenheid zich voordeed, dan zou hij deze dag gezegend zijn met veel meer van de goederen van deze wereld. Mocht het geluk van onze vriend, de lakenwever, hem ertoe brengen op dit moment zo'n stap te zetten, dan zal dat inderdaad slechts het begin zijn van veel groter geluk."

"Dank je! Ik neem ook graag het woord." Een vreemdeling uit een ander land stond op. "Ik ben een Syriër. Niet zo goed spreek ik jullie taal. Ik wil deze vriend, de koopman, een naam noemen. Misschien vind je het niet beleefd, deze naam. Toch wens ik hem zo te noemen. Maar, helaas, ik ken er jullie woord niet voor. Als ik het wel in het Syrisch noem, zul je het niet begrijpen. Daarom, alstublieft enkele goede heren, vertel me die juiste naam die jullie de mens noemen die het doen van die dingen uitstelt die machtig goed voor hem zijn."

"Uitsteller," riep een stem.

"Dat is hem," riep de Syriër, terwijl hij opgewonden met zijn handen zwaaide, "hij neemt geen gelegenheid aan als ze komt. Hij wacht af. Hij zegt dat ik op dit moment veel zaken heb. Tot ziens en tot ziens spreek ik je. Gelegenheid, ze wil niet wachten op zo'n trage kerel. Ze denkt dat als een man geluk wenst te hebben hij snel zal stappen. Elke man die niet snel stapt als de gelegenheid zich voordoet, is een grote uitsteller, zoals onze vriend, deze koopman."

De koopman stond op en boog goedmoedig als antwoord op het gelach.

"Mijn bewondering voor u, vreemdeling binnen onze poorten, die niet aarzelt de waarheid te spreken."

"En laat ons nu een ander verhaal van kansen horen. Wie heeft er voor ons nog een ervaring?" eiste Arkad.

"Ik heb dat," antwoordde een roodgeklede man van middelbare leeftijd. "Ik ben een opkoper van dieren, meestal kamelen en paarden. Soms koop ik ook wel de schapen en geiten. Het verhaal dat ik nu ga vertellen zal naar waarheid vertellen hoe de gelegenheid zich voordeed op een nacht toen ik het het minst verwachtte. Misschien liet ik het om die reden wel ontsnappen. Daarvan zul jij oordelen.

"Toen ik op een avond naar de stad terugkeerde na een ontmoedigende reis van tien dagen op zoek naar kamelen, was ik zeer ontstemd toen ik de poorten van de stad gesloten en vergrendeld aantrof. Terwijl mijn slaven onze tent uitspreidden voor de nacht, die we met weinig voedsel en geen water door leken te brengen, werd ik aangesproken door een oudere boer die, net als wij, buiten gesloten bleek te zijn.

"Geëerde heer," sprak hij me aan, "aan uw uiterlijk te zien, beoordeel ik u als een koper. Als dat zo is, zou ik u graag de voortreffelijkste kudde schapen verkopen die zojuist is opgedreven. Helaas, mijn goede vrouw ligt erg ziek van de koorts. Ik moet met alle spoed terugkeren. Koop gij mijn schapen, zodat ik en mijn slaven onze kamelen kunnen bestijgen en zonder oponthoud terug kunnen reizen."

"Zo donker was het dat ik zijn kudde niet kon zien, maar uit het geblaat wist ik wel dat ze groot moest zijn.

Na tien dagen verspild te hebben aan het zoeken naar kamelen die ik niet kon vinden, was ik blij met hem te kunnen onderhandelen. In zijn bezorgdheid stelde hij wel een heel redelijke prijs. Ik accepteerde, goed wetend dat mijn slaven de kudde 's morgens door de stadspoorten konden drijven en met een flinke winst verkopen.

De koop gesloten, riep ik mijn slaven om fakkels te brengen, zodat we de kudde konden tellen, waarvan de boer verklaarde dat er negenhonderd in zaten. Ik zal jullie, mijn vrienden, niet belasten met een beschrijving van onze moeilijkheden bij de poging om zo veel dorstige, rusteloze, malende schapen te tellen. Het bleek een onmogelijke opgave te zijn. Daarom deelde ik de boer botweg mee dat ik ze bij daglicht zou tellen en hem dan zou betalen.

"Alstublieft, zeer eerbiedwaardige heer," smeekte hij, "betaal me vanavond slechts tweederde van de prijs, opdat ik op weg mag gaan. Ik zal mijn intelligentste en best opgeleide slaaf laten helpen om morgenochtend de telling te doen. Hij is te vertrouwen en aan hem kunt gij het saldo betalen.

"Maar ik was koppig en weigerde die nacht de betaling te doen. De volgende morgen, nog voor ik wakker werd, gingen de stadspoorten open en vier kopers stormden naar buiten op zoek naar kuddes. Ze waren het gretigst en bereid hoge prijzen te betalen, want de stad dreigde belegerd te worden, en voedsel was er niet in overvloed. Bijna driemaal de prijs waarvoor hij de kudde aan mij had aangeboden, kreeg de oude boer ervoor. Zo werd zeldzaam veel geluk toegestaan te ontsnappen."

"Hier is een hoogst ongewoon verhaal," merkte Arkad op. "Welke wijsheid suggereert het?"

"De wijsheid om meteen te betalen als we ervan overtuigd zijn dat onze koop verstandig is," stelde een eerbiedwaardige zadelmaker voor. "Als de overeenkomst goed is, dan hebt gij bescherming nodig tegen uw eigen zwakheden evenzeer als tegen een ander mens. Wij stervelingen zijn veranderlijk. Helaas, ik moet zeggen meer geneigd om van gedachten te veranderen als het goed is dan als het verkeerd is. Verkeerd, dan zijn we inderdaad koppig. Rechts, we zijn geneigd te weifelen en kansen te laten ontsnappen. Mijn eerste oordeel is mijn beste. Toch heb ik het altijd moeilijk gevonden om mezelf te dwingen door te gaan met een goed koopje als het gesloten is. Daarom, als bescherming tegen mijn eigen zwakheden, stort ik er snel geld op. Dit behoedt me voor latere spijt over het geluk dat mij ten deel had moeten vallen."

"Dank je! Opnieuw spreek ik graag." De Syriër stond weer op zijn voeten. "Deze verhalen lijken veel op elkaar. Telkens vliegt de gelegenheid om dezelfde reden weg. Telkens komt ze uitsteller, goed plan brengend. Telkens aarzelen ze, en zeggen niet: nu de beste tijd, ik doe het snel. Hoe kunnen mannen op die manier slagen?"

"Wijs zijn uw woorden, mijn vriend," antwoordde de koper. "In deze beide verhalen is het geluk gevlucht van uitstel. Toch is dit niet ongewoon. De geest van uitstel is in alle mensen. We verlangen naar rijkdom; maar toch, hoe vaak als de gelegenheid zich voor ons voordoet, dringt die geest van uitstel van binnen aan op allerlei vertragingen in onze aanvaarding.

Door ernaar te luisteren worden we onze eigen ergste vijand. "In mijn jonge dagen wist ik niet dat onze vriend uit Syrië zo'n lang woord had. Eerst dacht ik dat het mijn eigen slechte oordeel was dat me veel winstgevende transacties had doen verliezen. Later schreef ik het toe aan mijn koppige aanleg. Tenslotte herkende ik het voor wat het was --- een gewoonte van nodeloos uitstellen waar actie nodig was, snelle en doortastende actie. Wat haatte ik het toen het ware karakter ervan aan het licht kwam. Met de bitterheid van een wilde ezel die aan een strijdwagen vastzit, maakte ik me los van deze vijand van mijn succes."

"Dank je! Ik stel graag een vraag van meneer Koopman." De Syriër was aan het woord. "Je draagt fijne gewaden, niet zoals die van arme man. Je spreekt als een succesvol man. Vertel eens, luister je nu ook als uitstel in je oor fluistert?" "Net als onze vriend de koper, moest ook ik uitstel herkennen en overwinnen," antwoordde de koopman. "Voor mij bleek het een vijand te zijn, die altijd toekeek en wachtte om mijn prestaties te dwarsbomen.

Het verhaal dat ik vertelde is maar een van de vele soortgelijke gevallen die ik zou kunnen vertellen om te laten zien hoe het mijn kansen wegjoeg. Tis niet moeilijk te overwinnen, als je het eenmaal doorhebt. Geen mens staat gewillig toe dat een dief zijn graanbakken leegrooft. Evenmin staat een mens gewillig toe dat een vijand zijn klanten wegjaagt en hem van zijn winst berooft. Toen ik eenmaal inzag dat zulke daden als deze mijn vijand begingen, overwon ik hem met vastberadenheid. Zo moet ieder mens zijn eigen geest van uitstel beheersen voor hij kan verwachten te delen in de rijke schatten van Babylon.

"Wat zegt gij, Arkad? Omdat gij de rijkste man van Babylon zijt, roepen velen u uit als de gelukkigste. Ben je het met me eens dat geen mens tot een volledige mate van succes kan komen, voordat hij de geest van uitstel in zich volkomen vermorzeld heeft?" "Het is precies zoals gij zegt," gaf Arkad toe. "Gedurende mijn lange leven heb ik generatie na generatie voorwaarts zien marcheren langs die wegen van handel, wetenschap en geleerdheid die tot succes in het leven leiden.

Kansen kwamen tot al deze mannen. Sommigen grepen die en bewogen zich gestaag naar de bevrediging van hun diepste verlangens, maar de meerderheid aarzelde, wankelde en raakte achterop."

Arkad wendde zich tot de lakenwever. Gij stelde voor dat we over geluk debatteren. Laat ons horen wat gij nu over dit onderwerp denkt".

"Ik zie geluk inderdaad in een ander licht. Ik had het opgevat als iets zeer begerenswaardigs dat een man zonder inspanning van zijn kant kon overkomen. Nu realiseer ik me dat zulke gebeurtenissen niet iets zijn wat iemand naar zich toe kan trekken. Uit ons gesprek heb ik geleerd dat om geluk naar je toe te trekken, je kansen moet benutten. Daarom zal ik in de toekomst trachten het beste te maken van de kansen die zich aan mij voordoen."

"Gij hebt de waarheden die in ons gesprek naar voren kwamen goed begrepen," antwoordde Arkad. "Geluk, vinden we, volgt vaak op kansen, maar komt zelden anders. Onze koopmansvriend zou veel geluk gevonden hebben als hij de kans had aangenomen die de goede godin hem bood. Onze vriend, de koper, zou eveneens veel geluk gehad hebben als hij de aankoop van de kudde had voltooid en met zo'n mooie winst had verkocht.

"We hebben deze discussie wel voortgezet om een middel te vinden waarmee het geluk naar ons toe gelokt kon worden. Ik heb het gevoel dat we de weg gevonden hebben. De beide verhalen illustreerden hoe geluk volgt op gelegenheid. Hierin ligt een waarheid die veel gelijksoortige verhalen over geluk, gewonnen of verloren, niet konden veranderen. De waarheid is deze: Goed geluk kan verleid worden door kansen te aanvaarden.

"Wie gretig kansen grijpt om er beter van te worden, trekt wel degelijk de belangstelling van de goede godin. Zij is altijd begerig hen te helpen die haar behagen. Mannen van actie behagen haar het best.

"Actie zal je voorwaarts leiden naar de successen die je verlangt".

De vijf wetten van goud

"Een zak zwaar van goud of een kleitablet gekerfd met woorden van wijsheid; als gij mocht kiezen, welke zoudt gij kiezen?"

Bij het flakkerende licht van het vuur van de woestijnstruiken glommen de zongebruinde gezichten van de toehoorders van belangstelling.

"Het goud, het goud," koorgelden de zevenentwintig.

De oude Kalabab glimlachte wetend.

"Hoort," hervatte hij, zijn hand opheffend. "Hoor de wilde honden daar in de nacht. Ze janken en jammeren omdat ze mager zijn van de honger. Maar geef ze te eten, en wat doen ze? Vechten en paraderen. Dan vechten en pronken ze nog wat meer, zonder te denken aan de morgen die zeker komen zal.

"Zo is het ook met de zonen der mensen. Geef ze de keus tussen goud en wijsheid --- wat doen ze?

De wijsheid negeren en het goud verspillen. Op de morgen jammeren ze omdat ze geen goud meer hebben.

"Goud is voorbehouden aan hen die de wetten ervan kennen en zich er aan houden".

Kalabab trok zijn witte gewaad dicht om zijn magere benen, want er waaide een koele nachtwind.

"Omdat gij mij trouw gediend hebt op onze lange reis, omdat gij goed voor mijn kamelen gezorgd hebt, omdat gij onverschillig over het hete zand van de woestijn gezwoegd hebt, omdat gij dapper gevochten hebt tegen de rovers die mijn koopwaar wilden roven, zal ik u deze nacht het verhaal vertellen van de vijf wetten van het goud, zo'n verhaal als gij nog nooit gehoord hebt.

"Luister, met diepe aandacht naar de woorden die ik spreek, want als je de betekenis ervan begrijpt en er acht op slaat, zul je in de dagen die komen zullen veel goud hebben". Hij pauzeerde indrukwekkend. Boven in een bladerdak van blauw schitterden de sterren helder in de kristalheldere hemel van Babylonië. Achter de groep doemden hun verbleekte tenten op, strak afgespannen tegen mogelijke woestijnstormen. Naast de tenten lagen keurig opgestapelde balen koopwaar, bedekt met huiden. Vlakbij lag de kudde kamelen languit in het zand, sommigen kauwden tevreden op hun kluif, anderen snurkten in schorre onmin.

"Gij hebt ons vele goede verhalen verteld, Kalabab," sprak de hoofdinpakker. "Wij rekenen op uw wijsheid om ons de weg te wijzen op de morgen, wanneer onze dienst bij U ten einde zal zijn."

"Ik heb u slechts verteld van mijn avonturen in vreemde en verre landen, maar deze nacht zal ik u vertellen van de wijsheid van Arkad, de wijze rijke man."

"Veel hebben we van hem gehoord," erkende de hoofdpakker, "want hij was de rijkste man die ooit in Babylon geleefd heeft."

"De rijkste man was hij, en dat omdat hij wijs was in de wegen van het goud, zoals nog nooit iemand vóór hem geweest was. Deze nacht zal ik je vertellen van zijn grote wijsheid, zoals mij verteld werd door Nomasir, zijn zoon, vele jaren geleden in Nineveh, toen ik nog maar een knaap was.

"Mijn meester en ik hadden tot lang in de nacht in het paleis van Nomasir getreuzeld. Ik had mijn meester geholpen grote bundels fijne tapijten te brengen, die elk door Nomasir uitgeprobeerd moesten worden tot zijn keuze van kleuren bevredigd was. Eindelijk was hij wel tevreden en gebood ons bij hem te komen zitten en een zeldzame wijn te drinken die geurig was voor de neusgaten en zeer verwarmend voor mijn maag, die aan zo'n drank niet gewend was.

"Toen vertelde hij ons dit verhaal over de grote wijsheid van Arkad, zijn vader, zoals ik het jullie ook zal vertellen.

"In Babylon is het, zoals je weet, de gewoonte dat de zonen van rijke vaders bij hun ouders inwonen in de verwachting dat ze het landgoed zullen erven. Arkad keurde deze gewoonte niet goed. Daarom, toen Nomasir het landgoed van de man bereikt had, liet hij de jongeman komen en sprak hem aan:

"Mijn zoon, het is mijn wens dat gij mijn landgoed opvolgt. Gij moet echter eerst bewijzen dat gij in staat zijt er verstandig mee om te gaan. Daarom wens ik dat gij de wereld ingaat en laat zien dat gij in staat bent zowel goud te verwerven als je te doen respecteren onder de mensen.

"Om je goed te beginnen, geef ik je twee dingen waarvan ik zelf verstoken bleef toen ik als arme jongeling begon een fortuin op te bouwen.

"Ten eerste geef ik je deze zak met goud. Als gij er verstandig mee omgaat, zal het de basis zijn van je toekomstig succes.

"Ten tweede geef ik je deze kleitablet waarop de vijf wetten van goud gekerfd zijn. Als gij ze slechts interpreteert in uw eigen daden, zullen ze u bekwaamheid en zekerheid brengen.

"Tien jaar na deze dag komt gij terug naar het huis van uw vader en legt rekenschap van uzelf af. Als gij waardig blijkt, zal ik u dan tot erfgenaam van mijn landgoed maken. Zo niet, dan zal ik het aan de priesters geven, opdat zij voor mijn ziel de landoverweging van de goden kunnen ruilen.'

"Dus ging Nomasir op weg om zijn eigen weg te gaan, zijn zak goud, de kleitablet zorgvuldig in zijden doek gewikkeld, zijn slaaf en de paarden waarop ze reden meenemend.

"De tien jaren verstreken, en Nomasir keerde, zoals hij had afgesproken, terug naar het huis van zijn vader, die ter ere van hem een groot feestmaal verzorgde, waarvoor hij veel vrienden en verwanten uitnodigde. Na afloop van het feest beklommen vader en moeder hun troonachtige zetels aan een kant van de grote zaal, en Nomasir stond voor hen om verslag van zichzelf te doen, zoals hij zijn vader beloofd had.

Het was avond geworden. De zaal was wazig van de rook van de lonten van de olielampen die haar slechts zwak verlichtten. Slaven in witgeweven jassen en tunieken waaierden de vochtige lucht ritmisch met langgesteelde palmbladeren. Een statige waardigheid kleurde het tafereel. De vrouw van Nomasir en zijn twee jonge zonen, met vrienden en andere leden van de familie, zaten op kleden achter hem, gretige toehoorders.

"Mijn vader," begon hij eerbiedig, ik buig voor uw wijsheid. Tien jaar geleden, toen ik aan de poorten van de mannelijkheid stond, beval Gij mij uit te gaan en een man onder de mensen te worden, in plaats van een vazal van Uw fortuin te blijven.

"Gij gaf mij rijkelijk van Uw goud. Gij schonk mij rijkelijk van Uw wijsheid. Van het goud, helaas!

moet ik toegeven dat ik er rampzalig mee omging. Het vluchtte, inderdaad, uit mijn onervaren handen, zoals een wilde haas bij de eerste de beste gelegenheid vlucht voor de jongeling die hem vangt.'

De vader glimlachte toegeeflijk. "Ga door, mijn zoon, uw verhaal interesseert me in al zijn details."

"Ik besloot naar Nineveh te gaan, omdat het een groeiende stad was, in de overtuiging dat ik daar kansen zou kunnen vinden. Ik sloot me aan bij een karavaan en maakte onder de leden daarvan talrijke vrienden. Onder hen waren twee welbespraakte mannen die een prachtig wit paard hadden, zo vloeiend als de wind.

"Terwijl we reisden, vertelden ze me in vertrouwen dat in Nineveh een welgesteld man was die een paard bezat dat zo snel was dat het nog nooit verslagen was. De eigenaar ervan geloofde dat geen levend paard met grotere snelheid kon lopen. Daarom zou hij elke som, hoe groot ook, erom verwedden dat zijn paard elk paard in heel Babylonië zou kunnen overtreffen. Vergeleken met hun paard, zo zeiden mijn vrienden, was het maar een lompe ezel die met gemak verslagen kon worden.

"Ze boden me aan, als een grote gunst, me toe te staan met hen mee te doen aan een weddenschap. Ik liet me helemaal meeslepen door het plan.

"Ons paard werd zwaar mishandeld en ik verloor veel van mijn goud.' De vader lachte. 'Later ontdekte ik dat dit een bedrieglijk plan van deze mannen was en dat ze voortdurend met karavanen rondtrokken op zoek naar slachtoffers. Zie je, de man in Nineveh was hun partner en deelde met hen de weddenschappen die hij won.

Dit sluwe bedrog leerde me mijn eerste les in op mezelf letten.

"Ik zou spoedig een andere, even bittere les leren. In de karavaan was een andere jongeman met wie ik nogal bevriend raakte. Hij was de zoon van welgestelde ouders en, net als ik, op reis naar Nineveh om een geschikte plaats te vinden. Niet lang na onze aankomst vertelde hij me dat een koopman gestorven was en dat zijn winkel met zijn rijke koopwaar en patronaat voor een schamele prijs kon worden bemachtigd. Zeggend dat we gelijkwaardige partners zouden zijn, maar dat hij eerst terug moest naar Babylon om zijn goud veilig te stellen, overhaalde hij me de voorraad met mijn goud te kopen, met de afspraak dat het zijne later gebruikt zou worden om onze onderneming voort te zetten.

"Hij stelde de reis naar Babylon lang uit en bleek intussen een onverstandige koper en een dwaze spender te zijn. Uiteindelijk schakelde ik hem uit, maar niet voordat de zaak zo verslechterd was dat we alleen nog onverkoopbare goederen hadden en geen goud meer om andere goederen te kopen. Wat over was offerde ik aan een Israëliet voor een armzalig bedrag. "Spoedig volgden er, zeg ik je, mijn vader, bittere dagen. Ik zocht werk en vond het niet, want ik had geen handel of opleiding waarmee ik kon verdienen. Ik verkocht mijn paarden. Ik verkocht mijn slaaf. Ik verkocht mijn extra gewaden opdat ik eten en een slaapplaats zou hebben, maar elke dag kroop de grimmige armoede dichterbij.

"Maar in die bittere dagen herinnerde ik me Uw vertrouwen in mij, mijn vader. Gij had mij uitgezonden om een man te worden, en dit was ik vastbesloten te volbrengen'. De moeder begroef haar gezicht en weende zachtjes. "Op dat moment dacht ik aan de tafel die Gij mij gegeven had en waarop Gij de vijf wetten van goud had uitgehouwen. Daarop las ik zeer aandachtig Uw woorden van wijsheid, en besefte dat als ik eerst maar wijsheid had gezocht, mijn goud niet voor mij verloren zou zijn gegaan.

Ik leerde elke wet uit mijn hoofd en besloot dat, als de godin van het geluk me weer toelachte, ik me zou laten leiden door de wijsheid van de ouderdom en niet door de onervarenheid van de jeugd.

"Ten behoeve van jullie die hier vanavond zitten, lees ik de wijsheid van mijn vader voor, zoals die gegraveerd is op het kleitablet dat hij me tien jaar geleden gaf:

DE VIJF WETTEN VAN GOUD

1. Goud komt graag en in toenemende hoeveelheid naar iedere man die er niet minder dan een tiende van zijn verdiensten voor over heeft om een landgoed voor zijn toekomst en die van zijn gezin te scheppen.

2. Goud werkt ijverig en tevreden voor de wijze eigenaar die er een winstgevende bezigheid voor vindt, en vermenigvuldigt zich als de kudden van het veld.

3. Goud klampt zich vast aan de bescherming van de voorzichtige eigenaar die het belegt onder het advies van mannen die wijs zijn in de omgang ermee.

4. Goud glipt weg van de man die het investeert in zaken of doeleinden waarmee hij niet vertrouwd is of die niet goedgekeurd zijn door hen die er bedreven in zijn.

5. Goud ontvlucht de man die het tot onmogelijke verdiensten zou willen dwingen of die de verleidelijke raad van bedriegers en intriganten opvolgt of die het aan zijn eigen onervarenheid en romantische verlangens in beleggingen toevertrouwt.

"Dit zijn de vijf wetten van goud zoals mijn vader ze geschreven heeft. Ik verkondig ze als van grotere waarde dan het goud zelf, zoals ik door het vervolg van mijn verhaal zal aantonen'.

' Hij stond weer tegenover zijn vader. 'Ik heb u verteld van de diepte van armoede en wanhoop waartoe mijn onervarenheid mij bracht.

"Er is echter geen keten van rampen die niet tot een einde komt. De mijne kwam toen ik me verzekerde van werk aan het hoofd van een ploeg slaven die aan de nieuwe buitenmuur van de stad werkten. "

'Profiterend van mijn kennis van de eerste wet van het goud, spaarde ik een koper van mijn eerste verdiensten, en vulde dat bij elke gelegenheid aan tot ik een stuk zilver had. Het was een langzame procedure, want men moet leven.

Ik spendeerde met tegenzin, dat geef ik toe, want ik was vastbesloten om voor de tien jaar voorbij waren evenveel goud terug te verdienen als jij, mijn vader, me gegeven had. "Op een dag zei de slavenmeester, met wie ik heel bevriend was geraakt, tegen me: "Gij zijt een zuinige jongeling die niet lichtzinnig uitgeeft wat hij verdient. Hebt gij goud opzij gelegd dat niet verdient?" "

"Ja," antwoordde ik, "het is mijn grootste verlangen goud te vergaren ter vervanging van dat wat mijn vader mij geschonken heeft en dat ik verloren heb.

"Tis een waardig streven, dat geef ik toe, en weet je dat het goud dat je gespaard hebt voor je kan werken en nog veel meer goud kan opleveren?"

"Helaas, mijn ervaring is bitter geweest, want mijn vaders goud is van me gevlucht en ik ben in grote angst dat mijn eigen goud hetzelfde zal doen.

"Als gij vertrouwen in mij hebt, zal ik u een lesje geven in het winstgevend omgaan met goud," antwoordde hij. "Binnen een jaar zal de buitenmuur compleet zijn en klaar voor de grote poorten van brons die bij elke ingang gebouwd zullen worden om de stad te beschermen tegen de vijanden van de koning.

In heel Nineve is er niet genoeg metaal om deze poorten te maken en de koning heeft er niet aan gedacht het te verschaffen. Hier is mijn plan: Een groep van ons zal ons goud samenvoegen en een karavaan naar de mijnen van koper en tin sturen, die ver weg liggen, en het metaal voor de poorten naar Nineveh brengen. Als de koning zegt: "Maak de grote poorten," kunnen alleen wij het metaal leveren en een rijke prijs zal hij betalen. Als de koning niet van ons wil kopen, zullen wij toch het metaal hebben dat voor een redelijke prijs verkocht kan worden."

"In zijn aanbod zag ik een kans om me aan de derde wet te houden en mijn spaargeld te beleggen onder leiding van wijze mannen. Ik werd ook niet teleurgesteld. Onze pool was een succes, en mijn kleine voorraad goud werd door de transactie sterk uitgebreid.

"Na verloop van tijd werd ik als lid van deze zelfde groep in andere ondernemingen opgenomen. Het waren mannen die wijs waren in de winstgevende omgang met goud. Ze bespraken elk voorgelegd plan met grote zorgvuldigheid, voordat ze het aangingen. Ze namen geen risico om hun hoofdsom te verliezen of vast te zetten in onrendabele beleggingen waaruit hun goud niet teruggewonnen kon worden. Zulke dwaze dingen als de paardenrace en het partnerschap waar ik met mijn onervarenheid in was gestapt, hadden bij hen nauwelijks aandacht gehad. Ze zouden hen onmiddellijk op hun zwakheden gewezen hebben.

"Door mijn omgang met deze mannen leerde ik goud veilig te beleggen om winstgevend rendement op te leveren. Met het verstrijken van de jaren nam mijn schat steeds sneller toe. Ik verdiende niet alleen evenveel terug als ik verloor, maar nog veel meer. "Door mijn tegenslagen, mijn beproevingen en mijn succes heb ik de wijsheid van de vijf wetten van goud, mijn vader, steeds weer op de proef gesteld, en bij elke proef heb ik bewezen dat ze waar zijn. Tot hem die zonder kennis van de vijf wetten is, komt het goud niet vaak, en gaat het snel weer weg. Maar tot hem die zich aan de vijf wetten houdt, komt het goud en werkt als zijn plichtsgetrouwe slaaf".

"Nomasir hield op met spreken en gebaarde naar een slaaf achter in de zaal. De slaaf bracht, één voor één, drie zware leren zakken naar voren. Een ervan nam Nomasir en legde hem op de grond voor zijn vader die hem opnieuw toesprak:

"Gij hebt mij een zak met goud gegeven, Babylonisch goud. Zie, in de plaats daarvan geef ik je een zak goud van Nineve van gelijk gewicht terug Een gelijke ruil, zoals iedereen zal beamen.

"Gij hebt mij een kleitablet gegeven met wijsheid erop gegraveerd. Zie, in de plaats daarvan geef ik u twee zakken goud terug.' Zo gezegd hebbende, nam hij van de slaaf de andere twee zakken en legde ze, evenzo, voor zijn vader op de grond.

"Dit doe ik om u, mijn vader, te bewijzen van hoeveel grotere waarde ik uw wijsheid acht dan uw goud. Maar wie kan in zakken goud, de waarde van wijsheid meten? Zonder wijsheid gaat goud snel verloren door hen die het hebben, maar met wijsheid kan goud veilig gesteld worden door hen die het niet hebben, zoals deze drie zakken goud wel bewijzen.

"Het geeft me inderdaad de diepste voldoening, mijn vader, voor u te staan en te zeggen dat ik, dankzij uw wijsheid, rijk heb kunnen worden en voor de mensen gerespecteerd.

' De vader legde zijn hand liefdevol op het hoofd van Nomasir. 'Gij hebt uw lessen goed geleerd, en ik heb inderdaad het geluk een zoon te hebben aan wie ik mijn rijkdom kan toevertrouwen'.

"Kalabab staakte zijn relaas en keek zijn toehoorders kritisch aan.

"Wat betekent dit voor jullie, dit verhaal van Nomasir?" ging hij verder.

"Wie van u kan naar uw vader of naar de vader van uw vrouw gaan en rekenschap geven van een wijze omgang met zijn verdiensten?

"Wat zouden deze eerbiedwaardige mannen denken als je zou zeggen: 'Ik heb veel gereisd en veel geleerd en veel gezwoegd en veel verdiend, maar toch, helaas, van goud heb ik weinig. Een deel heb ik wijs besteed, een ander deel heb ik dwaas uitgegeven en veel heb ik op onverstandige manieren verloren.

"Denk je nog steeds dat het slechts een tegenstrijdigheid van het lot is dat sommige mensen veel goud hebben en anderen niets? Dan dwaal je.

"Mannen hebben veel goud als ze de vijf wetten van goud kennen en zich daaraan houden.

"Omdat ik deze vijf wetten in mijn jeugd leerde kennen en me er aan hield, ben ik een rijke koopman geworden. Niet door een of andere vreemde toverkunst heb ik mijn rijkdom vergaard.

"Rijkdom die snel komt gaat dezelfde weg.

"Rijkdom die blijft om zijn eigenaar plezier en voldoening te geven komt geleidelijk, want het is een kind dat geboren wordt uit kennis en volhardende bedoeling.

"Rijkdom verdienen is maar een geringe last voor de bedachtzame mens. Door de last consequent van jaar tot jaar te dragen wordt het uiteindelijke doel bereikt. "De vijf wetten van goud bieden je een rijke beloning voor hun naleving. "Elk van deze vijf wetten is rijk aan betekenis en opdat je dit niet over het hoofd ziet in de beknoptheid van mijn relaas, zal ik ze nu herhalen. Ik ken ze wel elk uit mijn hoofd, want in mijn jeugd zag ik de waarde ervan in en zou niet tevreden zijn voor ik ze woord voor woord kende.

De eerste wet van goud

Goud komt graag en in toenemende hoeveelheid naar iedere man die er niet minder dan een tiende van zijn verdiensten voor over heeft om een landgoed voor zijn toekomst en die van zijn gezin te scheppen.

"Elke man die consequent een tiende van zijn verdiensten inbrengt en het verstandig investeert, zal zeker een waardevol landgoed scheppen dat hem in de toekomst een inkomen verschaft en verder de veiligheid van zijn gezin waarborgt voor het geval de goden hem naar de wereld van de duisternis roepen. Deze wet zegt altijd dat goud blij komt naar zo'n man. Ik kan dit in mijn eigen leven echt bevestigen. Hoe meer goud ik vergaar, hoe gemakkelijker het me toekomt en in grotere hoeveelheden. Het goud dat ik spaar verdient meer, zoals ook het jouwe meer zal verdienen, en dit is de uitwerking van de eerste wet."

De tweede wet van goud

Goud werkt ijverig en tevreden voor de wijze eigenaar die er een winstgevende bezigheid voor vindt, en vermenigvuldigt zich als de kudden van het veld.

"Goud is inderdaad een gewillige werker. Het staat altijd te popelen om zich te vermenigvuldigen als de gelegenheid zich voordoet. Voor ieder die goud in voorraad heeft, doet zich de gelegenheid voor om het op de meest winstgevende manier te gebruiken. Naarmate de jaren verstrijken, vermenigvuldigt het zich op verrassende wijze."

De derde wet van goud

Goud klampt zich vast aan de bescherming van de voorzichtige bezitter die het belegt onder het advies van mannen die wijs zijn in de omgang ermee. "Goud, inderdaad, klampt zich vast aan de voorzichtige eigenaar, zoals het de onvoorzichtige eigenaar ontvlucht. De man die de raad inwint van mannen die wijs zijn in het omgaan met goud, leert spoedig zijn schat niet in gevaar te brengen, maar in veiligheid te bewaren en in tevredenheid te genieten van de voortdurende toename ervan."

De vierde wet van goud

Goud ontglipt de man die het investeert in zaken of doeleinden waarmee hij niet vertrouwd is of die niet goedgekeurd zijn door hen die er bedreven in zijn.

Voor de man die goud heeft, maar niet bedreven is in de omgang ermee, lijken vele toepassingen ervan zeer winstgevend. Maar al te vaak zijn ze beladen met gevaar voor verlies, en als ze goed geanalyseerd worden door wijze mensen, vertonen ze weinig kans op winst. De onervaren eigenaar van goud die op zijn eigen oordeel vertrouwt en het investeert in zaken of doeleinden waarmee hij niet vertrouwd is, vindt daarom maar al te vaak zijn oordeel onvolmaakt, en betaalt met zijn schat voor zijn onervarenheid. Wijs is inderdaad hij die zijn schatten belegt onder het advies van mannen die bedreven zijn in de wegen van het goud".

De vijfde wet van goud

Goud ontvlucht de man die het tot onmogelijke verdiensten zou willen dwingen of die de verleidelijke raadgevingen van bedriegers en intriganten opvolgt of die het aan zijn eigen onervarenheid en romantische verlangens in beleggingen toevertrouwt.

"Fantasievolle voorstellen die zinderen als avonturenverhalen komen altijd naar de nieuwe eigenaar van goud. Deze schijnen zijn schat te begiftigen met magische krachten waardoor hij onmogelijke verdiensten zal kunnen maken. Maar let op de wijzen, want voorwaar, zij kennen de risico's die schuilen achter elk plan om plotseling grote rijkdom te maken.

"Vergeet de rijke mannen van Nineve niet, die geen risico wilden nemen om hun hoofdsom te verliezen of in onrendabele beleggingen vast te leggen. "Hier eindigt mijn verhaal over de vijf wetten van goud. Door het je te vertellen, heb ik je de geheimen van mijn eigen succes verteld.

"Toch zijn het geen geheimen maar waarheden die ieder mens eerst moet leren en dan volgen die uit de schare wil treden die, net als jullie wilde honden, zich elke dag zorgen moet maken om te eten te krijgen.

"Morgen gaan we Babylon binnen. Kijk, zie het vuur dat eeuwig brandt boven de Tempel van Bel! We zijn al in het zicht van de gouden stad. Morgen zal ieder van u goud hebben, het goud dat gij zo goed verdiend hebt door uw trouwe diensten. "Tien jaar na deze nacht, wat kun je over dit goud vertellen?

"Als er mannen onder jullie zijn, die net als Nomasir een deel van hun goud gebruiken om voor zichzelf een landgoed te stichten en zich voortaan wijs laten leiden door de wijsheid van Arkad, dan is 't een veilige weddenschap dat ze over tien jaar, net als de zoon van Arkad, rijk zullen zijn en gerespecteerd onder de mensen.

"Onze wijze daden vergezellen ons door het leven om ons te behagen en ons te helpen. Net zo zeker volgen onze onverstandige daden ons om ons te plagen en te kwellen. Helaas, ze kunnen niet vergeten worden. Op de eerste rang van de kwellingen die ons wel volgen staan de herinneringen aan de dingen die we hadden moeten doen, aan de kansen die tot ons kwamen en die we niet grepen.

"Rijk zijn de schatten van Babylon, zo rijk dat geen mens hun waarde in goudstukken kan tellen. Elk jaar worden ze rijker en waardevoller. Zoals de schatten van elk land zijn ze een beloning, een rijke beloning die wacht op die mannen van opzet die vastbesloten zijn hun rechtvaardig deel veilig te stellen.

"In de kracht van je eigen begeerten schuilt een magische kracht. Leid deze kracht met je kennis van de vijf wetten van goud en je zult delen in de schatten van Babylon."

De goudlener van Babylon

Vijftig goudstukken! Nooit eerder had Rodan, de speermaker van het oude Babylon, zoveel goud in zijn leren portefeuille meegedragen. Vrolijk schreed hij de koningsweg af vanaf het paleis van zijn meest vrijzinnige Majesteit. Vrolijk kletterde het goud terwijl de portefeuille aan zijn riem bij elke stap wiegde --- de zoetste muziek die hij ooit gehoord had.

Vijftig goudstukken! Allemaal van hem! Hij kon zijn geluk nauwelijks beseffen. Wat een macht in die rinkelende schijven! Hij kon er alles mee kopen wat hij maar wilde, een groots huis, land, vee, kamelen, paarden, strijdwagens, wat hij maar wilde.

Wat moest hij er mee? Deze avond, toen hij een zijstraat insloeg in de richting van het huis van zijn zus, kon hij aan niets denken dat hij liever zou bezitten dan diezelfde glinsterende, zware stukken goud --- van hem om te houden. Het was op een avond enkele dagen later dat een beduusde Rodan de winkel van Mathon, de uitlener van goud en handelaar in juwelen en zeldzame stoffen, binnenging. Terwijl hij noch naar rechts noch naar links keek naar de kleurige artikelen die kunstig uitgestald waren, liep hij door naar de woonvertrekken aan de achterkant. Hier trof hij de deftige Mathon aan, loungend op een kleed, deelnemend aan een maaltijd die door een zwarte slaaf werd opgediend.

"Ik zou met u willen overleggen, want ik weet niet wat ik moet doen". Rodan stond stokstijf, voeten uit elkaar, harige borst bloot door de gapende voorkant van zijn leren jas. Mathon's smalle, vale gezicht glimlachte een vriendelijke groet. "Welke indiscreties hebt gij gedaan dat gij de geldschieter van goud moet zoeken? Heb je pech gehad aan de speeltafel? Of heeft een mollige dame je in de val gelokt? Al vele jaren ken ik je, maar nog nooit heb je me opgezocht om je in je problemen te helpen."

"Nee, nee. Niet zoals dat. Ik zoek geen goud. In plaats daarvan snak ik naar uw wijze raad." "Hoor! Hoor! Wat deze man zegt. Niemand komt naar de geldschieter van goud voor raad. Mijn oren moeten me vals spelen."

"Ze luisteren waarachtig."

"Kan dat zo zijn? Rodan, de speermaker, vertoont meer sluwheid dan de rest, want hij komt naar Mathon, niet om goud, maar om raad. Veel mannen komen bij mij om goud om hun dwaasheden te betalen, maar wat advies betreft, dat willen ze niet. Maar wie is beter in staat raad te geven dan de goudschieter tot wie veel mannen in moeilijkheden komen?

"Gij zult met mij eten, Rodan," vervolgde hij. Gij zult mijn gast zijn voor de avond. Andol" gebood hij de zwarte slaaf, "maak een lap op voor mijn vriend, Rodan, de speermaker, die om raad komt vragen. Hij zal mijn geëerde gast zijn. Breng hem veel voedsel en haal voor hem mijn grootste beker. Kies goed van de beste wijn, opdat hij voldoening heeft in het drinken. "Nu, vertel me wat u verontrust."

"Het is de gift van de koning."

"De gift van de koning? De koning heeft je een geschenk gegeven en het bezorgt je moeilijkheden? Wat voor geschenk?"

"Omdat hij zeer ingenomen was met het ontwerp dat ik hem voorlegde voor een nieuwe punt op de speren van de koninklijke garde, schonk hij me vijftig goudstukken, en nu ben ik erg verbijsterd.

"Ik word elk uur dat de zon langs de hemel trekt verzocht door hen die haar met mij willen delen."

"Dat is natuurlijk. Meer mannen willen goud dan dat ze het hebben, en zouden willen dat iemand die er gemakkelijk aan komt het verdeelt. Maar kun je niet "Nee" zeggen? Is je wil niet even sterk als je vuist?"

"Tegen velen kan ik nee zeggen, maar toch zou het soms gemakkelijker zijn om ja te zeggen. Kan iemand weigeren te delen met zijn zuster aan wie hij diep toegewijd is?"

"Zeker, je eigen zuster zou je niet willen beroven van het genot van je beloning."

"Maar het is omwille van Araman, haar echtgenoot, die ze een rijke koopman wenst te zien. Ze vindt wel dat hij nooit een kans heeft gehad en ze smeekt me hem dit goud te lenen, zodat hij een welvarend koopman kan worden en me uit zijn winst kan terugbetalen."

"Mijn vriend," hervatte Mathon, "t is een waardig onderwerp dat je ter sprake brengt. Goud brengt zijn bezitter verantwoordelijkheid en een veranderde positie ten opzichte van zijn medemensen. Het brengt angst met zich mee dat hij het niet verliest of dat het hem ontroofd wordt. Het brengt een gevoel van macht en vermogen om goed te doen. Evenzo brengt het mogelijkheden waardoor zijn zeer goede bedoelingen hem in moeilijkheden kunnen brengen.

"Heb je ooit gehoord van de boer van Nineve die de taal van de dieren kon verstaan? Ik weet het niet, want 't is niet het soort verhaal dat mannen graag vertellen boven de smederij van de bronsgieter. Ik zal het je vertellen, want je moet weten dat er bij lenen en uitlenen meer komt

kijken dan het doorgeven van goud van de handen van de
een in de handen van de ander.

"Deze boer, die kon verstaan wat de dieren tegen elkaar
zeiden, bleef wel elke avond op het erf van de boerderij
rondhangen om naar hun woorden te luisteren. Op een
avond hoorde hij de os tegen de ezel klagen over de
hardheid van zijn lot: "Ik werk met het trekken van de
ploeg van 's morgens vroeg tot 's avonds laat. Hoe heet de
dag ook is, of hoe moe mijn benen ook zijn, of hoe de strik
mijn nek schuurt, toch moet ik werken. Maar jij bent een
schepsel van vrije tijd. Je zit opgesloten met een kleurige
deken en doet niets anders dan onze meester ronddragen
waar hij heen wil. Als hij nergens heen gaat rust je wel uit
en eet je de hele dag van het groene gras'.

"Nu was de ezel, ondanks zijn venijnige hakken, een
goedaardige kerel en sympathiseerde met de os.

'Mijn goede vriend, antwoordde hij, 'je werkt wel erg hard
en ik zou je graag helpen je lot te verlichten. Daarom zal ik
je vertellen hoe je een dag rust kunt hebben. Als 's
morgens de slaaf je naar de ploeg komt halen, ga dan op de
grond liggen en brul veel, opdat hij zegt dat je ziek bent en
niet kunt werken.'

"Dus nam de os de raad van de ezel aan en de volgende
morgen keerde de slaaf terug naar de boer en vertelde hem
dat de os ziek was en de ploeg niet kon trekken. "Dan," zei
de boer, "koppel de ezel aan de ploeg, want het ploegen
moet doorgaan.

"De hele dag vond de ezel, die alleen maar van plan was
geweest zijn vriend te helpen, zich genoodzaakt de taak
van de os te doen. Toen het nacht werd en hij van de ploeg
bevrijd werd was zijn hart bitter en zijn benen waren

vermoeid en zijn nek deed pijn waar de strik hem had geschuurd.

"De boer bleef op het erf staan om te luisteren.

"De os begon als eerste. 'Jij bent mijn goede vriend. Door jouw wijze raad heb ik een dag van rust genoten.'

"En ik," antwoordde de ezel, "ben zoals menige andere eenvoudighartige die begint een vriend te helpen en eindigt door zijn taak voor hem te doen. Hierna trek je je eigen ploeg, want ik hoorde de meester wel tegen de slaaf zeggen dat hij de slager moest laten komen, mocht je weer ziek worden. Ik wou dat hij dat deed, want je bent een luie kerel'.

Daarna spraken ze niet meer met elkaar --- dit beëindigde hun vriendschap. Kun je de moraal van dit verhaal vertellen, Rodan?"

"Tis een mooi verhaal," antwoordde Rodan, "maar ik zie de moraal niet."

"Ik dacht niet dat je dat zou doen. Maar het is er en eenvoudig ook. Alleen dit: Als je je vriend wilt helpen, doe dat dan op zo'n manier dat je de lasten van je vriend niet op jezelf betrekt."

"Daar had ik niet aan gedacht. Het is een wijze moraal. Ik wens niet de lasten van de echtgenoot van mijn zuster op me te nemen. Maar zeg me. Je leent aan velen. Betalen de leners niet terug?"

Mathon glimlachte de glimlach van iemand wiens ziel rijk is aan veel ervaring. "Kan een lening goed zijn als de lener niet kan terugbetalen? Moet de uitlener niet verstandig zijn en zorgvuldig beoordelen of zijn goud een nuttig doel kan dienen voor de lener en hem weer teruggeven; of dat het verspild zal worden door iemand die niet in staat is het verstandig te gebruiken en hem zonder zijn schat achterlaten, en de lener achterlaten met een schuld die hij niet kan terugbetalen? Ik zal je de penningen in mijn penningenkist laten zien en ze je iets van hun verhalen laten vertellen."

In de kamer bracht hij een kist zo lang als zijn arm, bekleed met rood varkensleer en versierd met bronzen motieven. Hij zette het op de vloer en hurkte ervoor, beide handen op het deksel.

"Van ieder aan wie ik leen, vraag ik een penning voor mijn penningkist, om daar te blijven tot de lening terugbetaald is. Als ze terugbetalen geef ik terug, maar als ze nooit terugbetalen zal het me altijd herinneren aan iemand die niet trouw was aan mijn vertrouwen.

"De veiligste leningen, zegt mijn tokenkistje me, zijn aan hen wier bezittingen van meer waarde zijn dan diegene die ze begeren. Ze bezitten landerijen, of juwelen, of kamelen, of andere dingen die verkocht zouden kunnen worden om de lening terug te betalen. Sommige van de penningen die mij gegeven worden zijn juwelen van meer waarde dan de lening. Andere zijn beloften dat ze me, als de lening niet volgens afspraak wordt terugbetaald, bepaalde vereffeningen van eigendommen zullen bezorgen. Bij zulke leningen ben ik er zeker van dat mijn goud teruggegeven zal worden met de huur die erop staat, want de lening is gebaseerd op eigendom. "Tot een andere klasse behoren zij die de capaciteit hebben om te verdienen. Zij zijn zoals jullie, die werken of dienen en betaald worden. Zij hebben inkomen en als ze eerlijk zijn en geen ongeluk lijden, weet ik dat ook zij het goud kunnen terugbetalen dat ik hun leen en de huur waarop ik recht heb. Zulke leningen zijn gebaseerd op menselijke inspanning.

"Anderen zijn degenen die geen bezit hebben en ook geen verzekerde verdiencapaciteit. Het leven is hard en er zullen er altijd zijn die zich er niet aan kunnen aanpassen. Helaas voor de leningen die ik hun verstrek, al zijn ze niet groter dan een pence, mijn penningenkistje kan me in de komende jaren censureren, tenzij ze gegarandeerd worden door goede vrienden van de lener die hem eerzaam kennen."

Mathon maakte de sluiting los en opende het deksel. Rodan leunde gretig naar voren. Boven op de kist lag een bronzen halsstuk op een scharlakenrode doek. Mathon pakte het stuk op en aaide er liefdevol over. "Dit zal altijd in mijn tokenkist blijven, want de eigenaar is overgegaan in de grote duisternis. Ik koester het, zijn teken, en ik koester zijn herinnering; want hij was mijn goede vriend. We dreven samen handel met veel succes, tot hij uit het oosten een vrouw meebracht om mee te trouwen, mooi, maar niet zoals onze vrouwen. Een oogverblindend schepsel. Hij gaf zijn goud kwistig uit om haar verlangens te bevredigen.

Hij kwam in nood naar me toe toen zijn goud op was. Ik gaf hem raad. Ik zei hem dat ik hem zou helpen weer meester te worden over zijn eigen zaken. Hij zwoer bij het teken van de Grote Stier dat hij dat zou doen. Maar het mocht niet zo zijn. In een ruzie stak ze een mes in het hart dat hij haar durfde te doorboren."

"En zij?" vroeg Rodan.

"Ja, natuurlijk, dit was van haar." Hij pakte de scharlakenrode doek op. "In bittere wroeging wierp ze zich in de Eufraat. Deze twee leningen zullen nooit terugbetaald worden. De kist vertelt je, Rodan, dat mensen in de greep van grote emoties geen veilige risico's zijn voor de goudlener.

"Hier! Nu is dit anders." Hij reikte naar een ring die uit ossenbot gesneden was. "Deze is van een boer. Ik koop de kleden van zijn vrouwen. De sprinkhanen kwamen en ze hadden geen eten. Ik hielp hem en toen de nieuwe oogst kwam betaalde hij me terug. Later kwam hij weer en vertelde van vreemde geiten in een ver land, zoals beschreven door een reiziger. Ze hadden lang haar dat zo fijn en zacht was dat het tot tapijten zou weven die mooier waren dan wat men ooit in Babylon gezien had. Hij wilde een kudde maar hij had geen geld. Dus leende Ik hem wel goud om de reis te maken en geiten mee terug te brengen. Nu is zijn kudde begonnen en volgend jaar zal ik de heren van Babylon verrassen met de duurste tapijten die het hun geluk geweest is te kopen. Spoedig moet ik zijn ring teruggeven. Hij staat er wel op om prompt terug te betalen."

"Doen sommige leners dat?" vroeg Rodan.

"Als ze lenen voor doeleinden die hen geld terugbrengen, vind ik dat zo. Maar als ze lenen vanwege hun indiscreties, waarschuw ik je voorzichtig te zijn als je ooit je goud weer in handen wilt krijgen."

"Vertel me hier eens over," vroeg Rodan, terwijl hij een zware gouden armband oppakte, ingelegd met juwelen in zeldzame motieven.

"De vrouwen spreken mijn goede vriend wel aan," schertste Mathon.

"Ik ben nog veel jonger dan jij," antwoordde Rodan.

"Dat geef ik toe, maar deze keer vermoedt gij romantiek waar ze niet is. De eigenaresse hiervan is dik en gerimpeld en praat zo veel en zegt zo weinig dat ze me gek maakt. Eens hadden ze veel geld en waren ze goede klanten, maar slechte tijden kwamen over hen. Ze heeft een zoon van wie ze een koopman wil maken. Dus kwam ze naar me toe en leende goud opdat hij compagnon zou worden van een karavaanhouder die met zijn kamelen rondtrekt en in de ene stad ruilt wat hij in een andere stad koopt.

"Deze man bleek een deugniet, want hij liet de arme jongen zonder geld en zonder vrienden achter in een verre stad, en trok er vroeg op uit terwijl de jongeling sliep. Misschien zal deze jongeling, wanneer hij tot man gegroeid is, terugbetalen; tot dan krijg ik geen huur voor de lening - -- alleen veel gepraat. Maar ik geef wel toe dat de juwelen de lening waardig zijn."

"Heeft deze dame uw advies gevraagd over de wijsheid van de lening?"

"Heel anders. Ze had zich deze zoon van haar voorgesteld als een rijk en machtig man van Babylon. Het tegendeel suggereren was haar woedend maken. Een terechte berisping had ik. Ik kende het risico voor deze onervaren jongen, maar omdat ze zekerheid bood kon ik haar niet weigeren.

"Dit," vervolgde Mathon, zwaaiend met een in een knoop geknoopt stuk paktouw, "is van Nebatur, de kamelenhandelaar. Wanneer hij een kudde zou kopen die groter is dan zijn fondsen brengt hij me deze knoop en ik leen hem naar behoefte. Hij is een wijze handelaar. Ik heb vertrouwen in zijn goede oordeel en kan hem vrijuit lenen. Veel andere kooplieden van Babylon hebben mijn vertrouwen vanwege hun eervolle gedrag. Hun penningen komen en gaan regelmatig in mijn penningenkist. Goede kooplieden zijn een aanwinst voor onze stad en het loont mij hen te helpen om de handel in beweging te houden, opdat Babylon welvarend is."

Mathon pakte een in turkoois gebeeldhouwde kever en gooide hem minachtend op de grond. "Een insect uit Egypte. De knaap die dit bezit kan het niet schelen of ik mijn goud ooit terugkrijg. Als ik hem verwijten maak antwoordt hij: 'Hoe kan ik terugbetalen als het slechte lot me achtervolgt? Jij hebt nog veel meer.' Wat kan ik eraan doen? De penning is van zijn vader --- een waardig man van weinig middelen die zijn land en veestapel verpandde om de ondernemingen van zijn zoon te steunen. De jongeling vond eerst succes en was toen overijverig om grote rijkdom te verwerven.

Zijn kennis was onvolwassen. Zijn ondernemingen stortten in. "De jeugd is ambitieus. De jeugd zou korte metten maken met rijkdom en de begerenswaardige dingen waar die voor staat. Om zich snel van rijkdom te verzekeren leent de jeugd vaak onverstandig.

De jeugd, die nooit ervaring heeft opgedaan, kan niet beseffen dat hopeloze schulden als een diepe put zijn waarin men snel kan afdalen en waar men vele dagen tevergeefs kan worstelen. Het is een put van verdriet en spijt, waar de helderheid van de zon bewolkt is en de nacht ongelukkig gemaakt wordt door onrustig slapen.

Toch ontmoedig ik het lenen van goud niet. Ik moedig het aan. Ik raad het aan als het voor een verstandig doel is. Zelf boekte ik mijn eerste echte succes als koopman met geleend goud.

"Maar toch, wat moet de uitlener in zo'n geval doen? De jongeling is wanhopig en bereikt niets. Hij is ontmoedigd. Hij doet geen moeite om terug te betalen. Mijn hart keert zich er tegen om de vader zijn land en vee te ontnemen."

"Je vertelt me veel dat me interesseert om te horen," waagde Rodan, "maar, ik hoor geen antwoord op mijn vraag. Moet ik mijn vijftig goudstukken uitlenen aan de echtgenoot van mijn zuster? Ze betekenen veel voor me."

"Uw zuster is een sterling vrouw die ik zeer waardeer. Mocht haar man naar me toe komen en vragen of ik vijftig goudstukken mag lenen, dan zou ik hem vragen voor welk doel hij het zou gebruiken.

"Als hij antwoordde dat hij net als ik koopman wilde worden en in juwelen en rijk meubilair wilde handelen. Ik zou zeggen: 'Welke kennis heb je van de manieren van handel drijven? Weet je waar je tegen de laagste prijs kunt kopen? Weet je waar je tegen een eerlijke prijs kunt verkopen?" Kon hij op deze vragen 'Ja' zeggen?" "Nee, dat kon hij niet," gaf Rodan toe. "Hij heeft me veel geholpen bij het maken van speren en hij heeft wat geholpen in de winkels."

"Dan zou ik hem zeggen dat zijn doel niet verstandig was. Kooplieden moeten hun vak leren. Zijn streven, hoewel waardig, is niet praktisch en ik zou hem geen goud lenen.

"Maar, stel dat hij kon zeggen: 'Ja, ik heb kooplieden veel geholpen. Ik weet hoe ik naar Smyrna kan reizen en goedkoop de kleden kan kopen die de huisvrouwen weven. Ik ken ook veel van de rijke mensen van Babylon aan wie ik deze met grote winst kan verkopen.' Dan zou ik zeggen: 'Je doel is wijs en je ambitie eervol. Ik zal je graag de vijftig goudstukken lenen, als je me de zekerheid kunt geven dat ze teruggegeven zullen worden." Maar zou hij zeggen: 'Ik heb geen andere zekerheid dan dat ik een geëerd man ben en je goed zal betalen voor de lening.' Dan zou ik antwoorden: 'Ik koester veel elk stuk goud. Zouden de rovers het je afnemen als je naar Smyrna reisde of de kleden van je afnemen als je terugkeerde, dan zou je geen middel hebben om me terug te betalen en zou mijn goud weg zijn.'

"Goud, zie je, Rodan, is de handelswaar van de geldschieter. Het is gemakkelijk uit te lenen. Wordt het onverstandig uitgeleend dan is het 94moeilijk terug te krijgen. De wijze geldschieter wenst niet het risico van de verbintenis, maar de garantie van veilige terugbetaling. "Tis goed," ging hij verder, "om hen bij te staan die in moeilijkheden verkeren, 't is goed om hen te helpen op wie het lot een zware hand gelegd heeft. 'T Is goed om hen die beginnen te helpen, opdat ze vooruit komen en waardevolle burgers worden. Maar hulp moet verstandig gegeven worden, opdat we niet, zoals de ezel van de boer, in ons verlangen te helpen slechts de last op ons nemen die een ander toebehoort.

"Weer dwaalde ik af van je vraag, Rodan, maar hoor mijn antwoord: Bewaar je vijftig goudstukken. Wat je arbeid voor je oplevert en wat je als beloning krijgt is van jezelf en geen mens kan je verplichten er afstand van te doen, tenzij je dat wenst. Als gij het wilt uitlenen opdat het u meer goud oplevert, leen dan met voorzichtigheid en op veel plaatsen. Ik houd niet van ijdel goud, nog minder houd ik van te veel risico.

"Hoeveel jaren hebt gij als lansmaker gewerkt?"

"Geheel drie." "Hoeveel hebt gij naast de gift van de koning gespaard?"

"Drie goudstukken."

"Elk jaar dat gij gewerkt hebt, hebt gij uzelf goede dingen ontzegd om van uw verdiensten één goudstuk te sparen?"

"Het is zoals je zegt."

"Zou je dan in vijftig jaar arbeid vijftig goudstukken kunnen sparen door je zelfverloochening?"

"Een leven lang arbeid zou het zijn."

"Denkt gij dat uw zuster het spaargeld van vijftig jaar arbeid over de bronzen smeltkroes in gevaar zou willen brengen, opdat haar man zou kunnen experimenteren met het koopmanschap?"

"Niet als ik in jouw woorden sprak".

Ga dan naar haar toe en zeg: "Drie jaar heb ik elke dag gezwoegd, behalve op vastendagen, van 's morgens vroeg tot 's avonds laat, en ik heb mezelf veel dingen ontzegd waar mijn hart naar hunkerde. Voor elk jaar van arbeid en zelfverloochening moet ik een stuk goud laten zien. Gij zijt mijn gunstige zuster en ik wens dat uw man zich met zaken mag bezighouden waarin hij veel voorspoed zal hebben. Als hij mij een plan voorlegt dat mijn vriend, Mathon, verstandig en mogelijk lijkt, dan zal ik hem graag mijn spaargeld van een heel jaar lenen, opdat hij de kans krijgt te bewijzen dat hij kan slagen". "Doe dat", zeg ik, "en als hij de ziel in zich heeft om te slagen kan hij dat bewijzen. Als hij faalt zal hij u niet meer schuldig zijn dan hij ooit kan hopen terug te betalen."

"Ik ben een goudlener omdat ik meer goud bezit dan ik in mijn eigen handel kan gebruiken. Ik verlang mijn overtollige goud om voor anderen te werken en zo meer goud te verdienen. Ik wil niet het risico nemen mijn goud te verliezen, want ik heb veel gezwoegd en mezelf veel ontzegd om het veilig te stellen. Daarom zal ik niets ervan meer uitlenen waar ik er niet zeker van ben dat het veilig is en me teruggegeven zal worden. Evenmin zal ik het uitlenen waar ik er niet van overtuigd ben dat de verdiensten ervan mij prompt zullen worden uitbetaald."

"Ik heb je, Rodan, een paar van de geheimen van mijn tokenkist verteld. Daaruit kun je de zwakheid van de mensen begrijpen en hun gretigheid om dat te lenen wat ze niet zeker kunnen terugbetalen. Hieruit kun je zien hoe vaak hun hoge verwachtingen van de grote verdiensten die ze zouden kunnen maken, als ze maar goud hadden, slechts valse hoop zijn, die ze niet de bekwaamheid of de opleiding hebben om te vervullen."

"Gij, Rodan, hebt nu goud dat gij zoudt moeten aanwenden om meer goud voor u te verdienen. Gij staat op het punt, net als ik, een gouddelver te worden. Als gij uw schat veilig bewaart zal hij liberale verdiensten voor u opleveren en een rijke bron van plezier en winst zijn gedurende al uw dagen. Maar als je hem aan je laat ontsnappen, zal hij een bron van voortdurend verdriet en spijt zijn zolang je herinnering duurt.

"Wat begeert gij het meest van dit goud in uw portefeuille?"

"Om het veilig te bewaren."

"Wijs gesproken," antwoordde Mathon goedkeurend. "Uw eerste verlangen is naar veiligheid. Denkt gij dat het in de bewaring van de echtgenoot van uw zuster werkelijk veilig zou zijn voor mogelijk verlies?"

"Ik vrees van niet, want hij is niet wijs in het bewaken van goud."

"Laat je dan niet meeslepen door dwaze gevoelens van verplichting om je schat aan wie dan ook toe te vertrouwen. Als je je familie of je vrienden wilt helpen, zoek dan andere manieren dan het verlies van je schat te riskeren. Vergeet niet dat goud op onverwachte manieren wegglipt van hen die ongeschoold zijn in het bewaken ervan. Verspil je schat even goed in uitspattingen als dat anderen hem voor jou verliezen.

"Wat begeer je vervolgens van deze schat van je, na veiligheid?"

"Dat het meer goud oplevert."

"Weer spreekt gij met wijsheid. Hij moet verdienen en groter worden.

Goud dat verstandig geleend wordt kan zichzelf met zijn verdiensten zelfs verdubbelen voordat een man als jij oud wordt. Als je het riskeert te verliezen, riskeer je alles wat het zou verdienen ook te verliezen."

"Laat je daarom niet meeslepen door de fantastische plannen van onpraktische mannen die manieren menen te zien om je goud te dwingen tot ongewoon grote verdiensten. Zulke plannen zijn de scheppingen van dromers die ongeschoold zijn in de veilige en betrouwbare wetten van de handel. Wees behoudend in wat je verwacht dat het zal opbrengen, zodat je je schat kunt behouden en ervan genieten. Het verhuren met een belofte van woekerrendement is uitnodigen tot verlies".

"Zoek je te associëren met mannen en ondernemingen waarvan het succes vaststaat, zodat je schat onder hun kundig gebruik rijkelijk kan verdienen en veilig bewaakt kan worden door hun wijsheid en ervaring."

"Zo moge gij de tegenslagen vermijden die de meeste mensenzonen volgen aan wie de goden het goed achten goud toe te vertrouwen".

Toen Rodan hem wilde bedanken voor zijn wijze raad wilde hij niet luisteren en zei: "De gift van de koning zal je veel wijsheid leren. Als je je vijftig goudstukken wilt bewaren, moet je inderdaad discreet zijn. Veel gebruik zal je verleiden. Veel raad zal tot je gesproken worden. Talrijke gelegenheden om grote winsten te maken zullen je worden aangeboden. De verhalen uit mijn pennendoos moeten je waarschuwen om, voor je een goudstuk uit je buidel laat gaan, er zeker van te zijn dat je een veilige manier hebt om het weer terug te trekken. Mocht mijn verdere raad je aanspreken, keer dan nog eens terug. Het wordt graag gegeven."

Lees dit, dat ik onder het deksel van mijn pennendoosje gekerfd heb. Het geldt evenzeer voor de lener als voor de uitlener:

BETER EEN BEETJE VOORZICHTIGHEID DAN EEN GROTE SPIJT

De muren van Babylon

Oude Banzar, grimmige krijger van een andere dag, stond op wacht bij de doorgang die naar de top van de oude muren van Babylon leidde. Daarboven streden dappere verdedigers om de muren te behouden. Van hen hing het toekomstige bestaan af van deze grote stad met haar honderdduizenden burgers. Over de muren klonk het gebrul van de aanvallende legers, het geschreeuw van vele mannen, het vertrappen van duizenden paarden, de oorverdovende dreunen van de stormrammen die op de bronzen poorten beukten.

In de straat achter de poort lagen de speerdragers te wachten om de ingang te verdedigen als de poorten het zouden begeven. Ze waren maar met weinigen voor de taak. De voornaamste legers van Babylon waren bij hun koning, ver weg in het oosten op de grote expeditie tegen de Elamieten. Omdat er tijdens hun afwezigheid geen aanval op de stad was verwacht, waren de verdedigende troepen klein.

Onverwacht, vanuit het noorden, stortten de machtige legers van de Assyriërs neer. En nu moesten de muren standhouden of Babylon was verdoemd.

Rond Banzar stonden grote menigten burgers, witgeblakerd en verschrikt, naarstig op zoek naar nieuws over de strijd. Met verstild ontzag bekeken ze de stroom van gewonden en doden die uit de doorgang gedragen of geleid werden. Hier was het cruciale punt van de aanval. Na drie dagen rond de stad te hebben gecirkeld, had de vijand plotseling zijn grote kracht tegen dit gedeelte en deze poort geworpen.

De verdedigers vanaf de top van de muur weerden de klimplateaus en de ladders van de aanvallers met pijlen, brandende olie en, als er een de top bereikte, speren. Tegen de verdedigers wierpen duizenden boogschutters van de vijand een dodelijk spervuur van pijlen.

De oude Banzar had het uitkijkpunt voor nieuws. Hij was het dichtst bij het conflict en hoorde als eerste van elke nieuwe afweer van de uitzinnige aanvallers.

Een oudere koopman verdrong zich dicht bij hem, zijn beverige handen trilden. "Vertel het me! Zeg het me!" smeekte hij. "Ze kunnen niet binnenkomen. Mijn zonen zijn bij de goede koning. Er is niemand om mijn oude vrouw te beschermen.

Mijn goederen, ze zullen alles stelen. Mijn voedsel, ze zullen niets overlaten. We zijn oud, te oud om ons te verdedigen --- te oud voor slaven. We zullen verhongeren. We zullen sterven. Zeg me dat ze er niet in kunnen."

"Kalmeer uzelf, goede koopman," antwoordde de wachter. "De muren van Babylon zijn sterk. Ga terug naar de bazaar en vertel je vrouw dat de muren jou en al je bezittingen even veilig zullen beschermen als ze de rijke schatten van de koning beschermen. Blijf dicht bij de muren, opdat de pijlen die overvliegen je niet treffen!"

Een vrouw met een babe in de armen nam de plaats van de oude man in toen hij zich terugtrok.

"Sergeant, wat voor nieuws van boven? Vertel het me oprecht, opdat ik mijn arme echtgenoot gerust kan stellen. Hij ligt met koorts van zijn vreselijke wonden, maar dringt toch aan op zijn harnas en zijn speer om mij, die zwanger is, te beschermen. Verschrikkelijk, zegt hij, zal de wraakzucht van onze vijanden zijn, mochten ze binnendringen."

"Weest gij van goeden huize, gij moeder die is en weer zal worden, de muren van Babylon zullen u en uw baby's beschermen. Zij zijn hoog en sterk. Hoort gij niet het geschreeuw van onze dappere verdedigers als zij de kelders met brandende olie leeggieten op de ladderscharen?"

"Ja, dat hoor ik en ook het gebrul van de stormrammen die op onze poorten hameren."

"Terug naar uw echtgenoot. Zeg hem dat de poorten sterk zijn en de rammen weerstaan. Ook dat de scalers de muren beklimmen, maar om de wachtende speerstoten te ontvangen. Waak, uw weg en haast u achter uw gebouwen."

Banzar stapte opzij om de doorgang vrij te maken voor zwaar bewapende versterkingen. Terwijl ze, met kletterende bronzen schilden en zware tred, voorbij trappelden, plukteerde een klein meisje aan zijn gordel.

"Zeg me alsjeblieft, soldaat, zijn we veilig?" smeekte ze. Ik hoor de vreselijke geluiden. Ik zie de mannen allemaal bloeden. Ik ben zo bang. Wat zal er van ons gezin worden, van mijn moeder, broertje en de baby?"

De grimmige oude veldheer knipperde met zijn ogen en stak zijn kin naar voren terwijl hij het kind aanschouwde.

"Wees niet bang, kleintje," stelde hij haar gerust. "De muren van Babylon zullen jou en moeder en broertje en de baby beschermen. Het was voor de veiligheid van mensen zoals jullie dat de goede koningin Semiramis ze meer dan honderd jaar geleden bouwde. Nooit zijn ze doorbroken. Ga terug en vertel je moeder en broertje en de baby dat de muren van Babylon hen zullen beschermen en dat ze geen angst hoeven te hebben."

Dag na dag stond de oude Banzar op zijn post en keek toe hoe de versterkingen de gang op stroomden, daar om te blijven en te vechten tot ze gewond of dood weer naar beneden kwamen. Onophoudelijk verdrongen zich om hem heen de drommen bange burgers die gretig wilden vernemen of de muren het zouden houden.

Op allen gaf hij zijn antwoord met de fijne waardigheid van een oude soldaat: "De muren van Babylon zullen jullie beschermen."

Drie weken en vijf dagen lang woedde de aanval met nauwelijks ophoudend geweld. Harder en grimmiger zette de kaak van Banzar terwijl de gang erachter, nat van het bloed van de vele gewonden, tot modder werd gekarnd door de niet aflatende stromen mannen die naar boven gingen en naar beneden wankelden. Elke dag stapelden de afgeslachte aanvallers zich op hopen op voor de muur. Elke nacht werden ze door hun kameraden teruggedragen en begraven. Op de vijfde nacht van de vierde week nam het rumoer zonder vermindering af. De eerste stralen daglicht, die de vlakten verlichtten, onthulden grote stofwolken die door de terugtrekkende legers waren opgeworpen.

Een machtige kreet ging op van de verdedigers. Er was geen misverstand over de betekenis ervan. Het werd herhaald door de wachtende troepen achter de muren. Het werd weerkaatst door de burgers op de straten. Het overspoelde de stad met het geweld van een storm.

Mensen haastten zich uit de huizen. De straten werden overspoeld door een bonzende menigte. De opgekropte angst van weken vond een uitlaatklep in het wilde koor van vreugde. Uit de top van de hoge toren van de Tempel van Bel barstten de vlammen van de overwinning. Hemelwaarts zweefde de kolom van blauwe rook om de boodschap ver en wijd te dragen.

De muren van Babylon hadden weer eens een machtige en stroperige vijand afgeslagen die vastbesloten was haar rijke schatten te plunderen en haar burgers te verkrachten en tot slaaf te maken. Babylon hield eeuw na eeuw stand omdat het volledig beschermd was. Het kon het zich niet veroorloven anders te zijn.

De muren van Babylon waren een uitstekend voorbeeld van de behoefte en het verlangen van de mens naar bescherming.

Dit verlangen is inherent aan het menselijk ras. Het is vandaag even sterk als het ooit was, maar we hebben ruimere en betere plannen ontwikkeld om hetzelfde doel te bereiken.

In deze tijd kunnen we ons achter de onneembare muren van verzekeringen, spaarrekeningen en betrouwbare beleggingen wapenen tegen de onverwachte tragedies die elke deur kunnen binnenkomen en zich voor elk haardvuur kunnen zetten.

WE KUNNEN HET ONS NIET VEROORLOVEN ZONDER ADEQUATE BESCHERMING TE ZITTEN

De kamelenhandelaar van Babylon

The hungrier one becomes, the clearer one's mind works ---
also the more sensitive one becomes to the odors of food.

Tarkad, the son of Azure, certainly thought so. For two
whole days he had tasted no food except two small figs
purloined from over the wall of a garden. Not another
could he grab before the angry woman rushed forth and
chased him down the street. Her shrill cries were still
ringing in his ears as he walked through the market place.
They helped him to retrain his restless fingers from
snatching the tempting fruits from the baskets of the
market women.

Never before had he realized how much food was brought
to the markets of Babylon and how good it smelled.
Leaving the market, he walked across to the inn and paced
back and forth in front of the eating house. Perhaps here
he might meet someone he knew; someone from whom he
could borrow a copper that would gain him a smile from
the unfriendly keeper of the inn and, with it, a liberal
helping. Without the copper he knew all too well how
unwelcome he would be.

In his abstraction he unexpectedly found himself face to
face with the one man he wished most to avoid, the tall
bony figure of Dabasir, the camel trader. Of all the friends
and others from whom he had borrowed small sums,
Dabasir made him feel the most uncomfortable because of
his failure to keep his promises to repay promptly.

Dabasir's face lighted up at the sight of him. "Ha! 'Tis Tarkad, just the one I have been seeking that he might repay the two pieces of copper which I lent him a moon ago; also the piece of silver which I lent to him before that. We are well met. I can make good use of the coins this very day. What say, boy? What say?"

Tarkad stuttered and his face flushed. He had naught in his empty stomach to nerve him to argue with the outspoken Dabasir. "I am sorry, very sorry," he mumbled weakly, "but this day I have neither the copper nor the silver with which I could repay." "Then get it," Dabasir insisted. "Surely thou canst get hold of a few coppers and a piece of silver to repay the generosity of an old friend of thy father who aided thee whenst thou wast in need?"

"Tis because ill fortune does pursue me that I cannot pay."

"Ill fortune! Wouldst blame the gods for thine own weakness. Ill fortune pursues every man who thinks more of borrowing than of repaying. Come with me, boy, while I eat. I am hungry and I would tell thee a tale."

Tarkad flinched from the brutal frankness of Dabasir, but here at least was an invitation to enter the coveted doorway of the eating house.

Dabasir pushed him to a far corner of the room where they seated themselves upon small rugs.

When Kauskor, the proprietor, appeared smiling, Dabasir addressed him with his usual freedom, "Fat lizard of the desert, bring to me a leg of the goat, brown with much juice, and bread and all of the vegetables for I am hungry and want much food. Do not forget my friend here. Bring to him a jug of water. Have it cooled, for the day is hot."

Tarkad's heart sank. Must he sit here and drink water while he watched this man devour an entire goat leg? He said nothing. He thought of nothing he could say.

Dabasir, however, knew no such thing as silence. Smiling and waving his hand good-naturedly to the other customers, all of whom knew him, he continued. "I did hear from a traveler just returned from Urfa of a certain rich man who has a piece of stone cut so thin that one can look through it. He put it in the window of his house to keep out the rains.

It is yellow, so this traveler does relate, and he was permitted to look through it and all the outside world looked strange and not like it really is. What say you to that, Tarkad? Thinkest all the world could look to a man a different color from what it is?"

"I dare say," responded the youth, much more interested in the fat leg of goat placed before Dabasir.

"Well, I know it to be true for I myself have seen the world all of a different color from what it really is and the tale I am about to tell relates how I came to see it in its right color once more."

"Dabasir will tell a tale," whispered a neighboring diner to his neighbor, and dragged his rug close. Other diners brought their food and crowded in a semicircle. They crunched noisily in the ears of Tarkad and brushed him with their meaty bones. He alone was without food. Dabasir did not offer to share with him nor even motion him to a small corner of the hard bread that was broken off and had fallen from the platter to the floor.

"The tale that I am about to tell," began Dabasir, pausing to bite a goodly chunk from the goat leg, "relates to my early life and how I came to be a camel trader. Didst anyone know that I once was a slave in Syria?"

A murmur of surprise ran through the audience to which Dabasir listened with satisfaction.

"When I was a young man," continued Dabasir after another vicious onslaught on the goat leg,

"I learned the trade of my father, the making of saddles. I worked with him in his shop and took to myself a wife. Being young and not greatly skilled, I could earn but little, just enough to support my excellent wife in a modest way. I craved good things which I could not afford. Soon I found that the shop keepers would trust me to pay later even though I could not pay at the time. "Being young and without experience I did not know that he who spends more than he earns is sowing the winds of needless self-indulgence from which he is sure to reap the whirlwinds of trouble and humiliation. So I indulged my whims for fine raiment and bought luxuries for my good wife and our home, beyond our means. "I paid as I could and for a while all went well. But in time I discovered I could not use my earnings both to live upon and to pay my debts.

Creditors began to pursue me to pay for my extravagant purchases and my life became miserable. I borrowed from my friends, but could not repay them either. Things went from bad to worse. My wife returned to her father and I decided to leave Babylon and seek another city where a young man might have better chances."

"For two years I had a restless and unsuccessful life working for caravan traders. From this I fell in with a set of likeable robbers who scoured the desert for unarmed caravans. Such deeds were unworthy of the son of my father, but I was seeing the world through a colored stone and did not realize to what degradation I had fallen.

"We met with success on our first trip, capturing a rich haul of gold and silks and valuable merchandise. This loot we took to Ginir and squandered."

"The second time we were not so fortunate. Just after we had made our capture, we were attacked by the spearsmen of a native chief to whom the caravans paid for protection. Our two leaders were killed, and the rest of us were taken to Damascus where we were stripped of our clothing and sold as slaves."

"I was purchased for two pieces of silver by a Syrian desert chief. With my hair shorn and but a loin cloth to wear, I was not so different from the other slaves. Being a reckless youth, I thought it merely an adventure until my master took me before his four wives and told them they could have me for a eunuch.

Then, indeed, did I realize the hopelessness of my situation. These men of the desert were fierce and warlike. I was subject to their will without weapons or means of escape."

"Fearful I stood, as those four women looked me over. I wondered if I could expect pity from them. Sira, the first wife, was older than the others. Her face was impassive as she looked upon me. I turned from her with little consolation. The next was a contemptuous beauty who gazed at me as indifferently as if I had been a worm of the earth. The two younger ones tittered as though it were all an exciting joke."

It seemed an age that I stood waiting sentence. Each woman appeared willing for the others to decide. Finally Sira spoke up in a cold voice.

"Of eunuchs we have plenty, but of camel tenders we have few and they are a worthless lot.

Even this day I would visit my mother who is sick with the fever and there is no slave I would trust to lead my camel. Ask this slave if he can lead a camel.' "My master thereupon questioned me, 'What know you of camels?'

"Striving to conceal my eagerness, I replied, I can make them kneel, I can load them, I can lead them on long trips without tiring. If need be, I can repair their trappings."

"The slave speaks forward enough, observed my master. If thou so desire, Sira, take this man for thy camel tender.'

"So I was turned over to Sira and that day I led her camel upon a long journey to her sick mother. I took the occasion to thank her for her intercession and also to tell her that I was not a slave by birth, but the son of a freeman, an honorable saddle maker of Babylon. I also told her much of my story. Her comments were disconcerting to me and I pondered much afterwards on what she said.

"How can you call yourself a free man when your weakness has brought you to this? If a man has in himself the soul of a slave will he not become one no matter what his birth, even as water seeks its level? If a man has within him the soul of a free man, will he not become respected and honored in his own city in spite of his misfortune?'

"For over a year I was a slave and lived with the slaves, but I could not become as one of them.

One day Sira asked me, 'In the eventime when the other slaves can mingle and enjoy the society of each other, why dost thou sit in thy tent alone?'

"To which I responded, 'I am pondering what you have said to me. I wonder if I have the soul of a slave. I cannot join them, so I must sit apart.'

"I, too, must sit apart,' she confided. 'My dowry was large and my lord married me because of it. Yet he does not desire me. What every woman longs for is to be desired. Because of this and because I am barren and have neither son nor daughter, must I sit apart. Were I a man I would rather die than be such a slave, but the conventions of our tribe make slaves of women.' "What think thou of me by this time?' I asked her suddenly, 'Have I the soul of a man or have I the soul of a slave?'

"Have you a desire to repay the just debts you owe in Babylon?' she parried. "Yes, I have the desire, but I see no way.'

"If thou contentedly let the years slip by and make no effort to repay, then thou hast but the contemptible soul of a slave. No man is otherwise who cannot respect himself and no man can respect himself who does not repay honest debts.'

"But what can I do who am a slave in Syria?'

"Stay a slave in Syria, thou weakling.'

"I am not a weakling,' I denied hotly.

"Then prove it.'

"How?'

"Does not thy great king fight his enemies in every way he can and with every force he has?

Thy debts are thy enemies. They ran thee out of Babylon. You left them alone and they grew too strong for thee. Hadst fought them as a man, thou couldst have conquered them and been one honored among the townspeople. But thou had not the soul to fight them and behold thy pride hast gone down until thou art a slave in Syria.'

"Much I thought over her unkind accusations and many defensive phrases I worded to prove myself not a slave at heart, but I was not to have the chance to use them. Three days later the maid of Sira took me to her mistress. "My mother is again very sick,' she said. 'Saddle the two best camels in my husband's herd. Tie on water skins and saddle bags for a long journey. The maid will give thee food at the kitchen tent.' I packed the camels wondering much at the quantity of provisions the maid provided, for the mother dwelt less than a day's journey away. The maid rode the rear camel which followed and I led the camel of my mistress. When we reached her mother's house it was just dark. Sira dismissed the maid and said to me:

"Dabasir, hast thou the soul of a free man or the soul of a slave?'

"The soul of a free man,' I insisted.

"Now is thy chance to prove it. Thy master hath imbibed deeply and his chiefs are in a stupor.

Take then these camels and make thy escape. Here in this bag is raiment of thy master's to disguise thee. I will say thou stole the camels and ran away while I visited my sick mother.'

"Thou hast the soul of a queen,' I told her. 'Much do I wish that I might lead thee to happiness.'

"Happiness,' she responded, 'awaits not the runaway wife who seeks it in far lands among strange people. Go thy own way and may the gods of the desert protect thee for the way is far and barren of food or water.'

"I needed no further urging, but thanked her warmly and was away into the night. I knew not this strange country and had only a dim idea of the direction in which lay Babylon, but struck out bravely across the desert toward the hills. One camel I rode and the other I led. All that night I traveled and all the next day, urged on by the knowledge of the terrible fate that was meted out to slaves who stole their master's property and tried to escape.

"Late that afternoon, I reached a rough country as uninhabitable as the desert. The sharp rocks bruised the feet of my faithful camels and soon they were picking their way slowly and painfully along.

I met neither man nor beast and could well understand why they shunned this inhospitable land.

"It was such a journey from then on as few men live to tell of. Day after day we plodded along.

Food and water gave out. The heat of the sun was merciless. At the end of the ninth day, I slid from the back of my mount with the feeling that I was too weak to ever remount and I would surely die, lost in this abandoned country.

"I stretched out upon the ground and slept, not waking until the first gleam of daylight. "I sat up and looked about me. There was a coolness in the morning air. My camels lay dejected not far away. About me was a vast waste of broken country covered with rock and sand and thorny things, no sign of water, naught to eat for man or camel.

"Could it be that in this peaceful quiet I faced my end? My mind was clearer than it had ever been before. My body now seemed of little importance. My parched and bleeding lips, my dry and swollen tongue, my empty stomach, all had lost their supreme agonies of the day before.

"I looked across into the uninviting distance and once again came to me the question, 'Have I the soul of a slave or the soul of a free man?' Then with clearness I realized that if I had the soul of a slave, I should give up, lie down in the desert and die, a fitting end for a runaway slave.

"But if I had the soul of a free man, what then? Surely I would force my way back to Babylon, repay the people who had trusted me, bring happiness to my wife who truly loved me and bring peace and contentment to my parents. "Thy debts are thine enemies who have run thee out of Babylon,' Sira had said. Yes it was so.

Why had I refused to stand my ground like a man? Why had I permitted my wife to go back to her father?

"Then a strange thing happened. All the world seemed to be of a different color as though I had been looking at it through a colored stone which had suddenly been removed. At last I saw the true values in life.

"Die in the desert! Not I! With a new vision, I saw the things that I must do. First I would go back to Babylon and face every man to whom I owed an unpaid debt. I should tell them that after years of wandering and misfortune, I had come back to pay my debts as fast as the gods would permit. Next I should make a home for my wife and become a citizen of whom my parents should be proud.

"My debts were my enemies, but the men I owed were my friends for they had trusted me and believed in me.

"I staggered weakly to my feet. What mattered hunger? What mattered thirst? They were but incidents on the road to Babylon. Within me surged the soul of a free man going back to conquer his enemies and reward his friends. I thrilled with the great resolve.

"The glazed eyes of my camels brightened at the new note in my husky voice. With great effort, after many attempts, they gained their feet. With pitiful perseverance, they pushed on toward the north where something within me said we would find Babylon.

"We found water. We passed into a more fertile country where were grass and fruit. We found the trail to Babylon because the soul of a free man looks at life as a series of problems to be solved and solves them, while the soul of a slave whines, 'What can I do who am but a slave?'

"How about thee, Tarkad? Dost thy empty stomach make thy head exceedingly clear? Art ready to take the road that leads back to self respect? Canst thou see the world in its true color? Hast thou the desire to pay thy honest debts, however many they may be, and once again be a man respected in Babylon?" Moisture came to the eyes of the youth. He rose eagerly to his knees. "Thou has shown me a vision; already I feel the soul of a free man surge within me." "But how fared you upon your return?" questioned an interested listener.

"Where the determination is, the way can be found" Dabasir replied. "I now had the determination so I set out to find a way. First I visited every man to whom I was indebted and begged his indulgence until I could earn that with which to repay. Most of them met me gladly. Several reviled me but others offered to help me; one indeed did give me the very help I needed. It was Mathon, the gold lender. Learning that I had been a camel tender in Syria; he sent me to old Nebatur, the camel trader, just commissioned by our good king to purchase many herds of sound camels for the great expedition. With him, my knowledge of camels I put to good use. Gradually I was able to repay every copper and every piece of silver. Then at last I could hold up my head and feel that I was an honourable man among men."

Again Dabasir turned to his food. "Kauskor, thou snail," he called loudly to be heard in the kitchen, "the food is cold. Bring me more meat fresh from the roasting. Bring thou also a very large portion for Tarkad, the son of my old friend, who is hungry and shall eat with me."

So ended the tale of Dabasir the camel trader of old Babylon. He found his own soul when he realized a great truth, a truth that had been known and used by wise men long before his time.

It has led men of all ages out of difficulties and into success and it will continue to do so for those who have the wisdom to understand its magic power. It is for any man to use who reads these lines.

WHERE THE DETERMINATION IS, THE WAY CAN BE FOUND

De kleitabletten uit Babylon

St. Swithin's College Universiteit Nottingham

Newark-on-Trent Nottingham

Professor Franklin Caldwell,

Verzorging van de Britse Wetenschappelijke Expeditie,

Hillah, Mesopotamië.

21 oktober 1934.

Mijn waarde Professor:

De vijf kleitabletten van je recente opgraving in de ruïnes van Babylon arriveerden op dezelfde boot als je brief. Ik ben mateloos gefascineerd, en heb vele aangename uren doorgebracht met het vertalen van hun inscripties. Ik had je brief meteen moeten beantwoorden, maar heb gewacht tot ik de bijgevoegde vertalingen kon voltooien.

De tabletten zijn zonder schade aangekomen, dankzij je zorgvuldige gebruik van conserveermiddelen en je uitstekende verpakking.

Je zult even verbaasd zijn als wij in het laboratorium over het verhaal dat ze vertellen. Je verwacht dat het schemerige en verre verleden spreekt van romantiek en avontuur. "Arabische Nachten" soort dingen, weet je wel. Wanneer het in plaats daarvan het probleem onthult van iemand die Dabasir heet om zijn schulden af te lossen, realiseer je je dat de omstandigheden op deze oude wereld in vijfduizend jaar niet zoveel veranderd zijn als je zou verwachten.

Het is vreemd, weet je , maar deze oude inscripties maken me nogal "razend", zoals de leerlingen zeggen. Als professor aan de universiteit word ik verondersteld een weldenkend mens te zijn die een praktische kennis bezit van de meeste onderwerpen.

Maar toch, hier komt deze oude kerel uit de met stof bedekte ruïnes van Babylon om me een manier aan te bieden waar ik nog nooit van gehoord had om mijn schulden af te lossen en tegelijk goud te verwerven om in mijn portemonnee te laten rinkelen.

Aangename gedachte, zeg ik, en interessant om te bewijzen of het tegenwoordig net zo goed werkt als in het oude Babylon. Mevrouw Shrewsbury en ik zijn van plan zijn plan uit te proberen op onze eigen zaken, die er veel beter van zouden kunnen worden. Ik wens je veel succes in je waardige onderneming en wacht met spanning op een volgende gelegenheid om te helpen, en ben

Met vriendelijke groeten,

Alfred H. Shewsbury,

Departement van Archeologie.

Tablet nr. I

Nu, bij volle maan, graveer ik, Dabasir, die pas teruggekeerd ben uit de slavernij in Syrië, met het vaste voornemen mijn vele rechtvaardige schulden af te betalen en een man van middelen te worden die respect verdient in mijn geboortestad Babylon, hier op de klei een blijvend verslag van mijn zaken om me te leiden en te helpen bij het volbrengen van mijn hoge verlangens.

Onder de wijze raad van mijn goede vriend Mathon, de goudschieter, ben ik vastbesloten een nauwkeurig plan te volgen waarvan hij zegt dat het elke eerbare man uit de schulden zal leiden naar middelen en zelfrespect.

Dit plan omvat drie doelen die mijn hoop en verlangen zijn.

Ten eerste voorziet het plan in mijn toekomstige welvaart.

Daarom wordt een tiende van alles wat ik verdien voor mijzelf gereserveerd. Want Mathon spreekt wijs als hij zegt:

"Die man die zowel goud als zilver in zijn beurs bewaart dat hij niet hoeft uit te geven, is goed voor zijn gezin en trouw aan zijn koning.

"De man die maar een paar koperen munten in zijn beurs heeft, is onverschillig tegenover zijn familie en onverschillig tegenover zijn koning.

"Maar de man die niets in zijn beurs heeft is onaardig voor zijn familie en ontrouw aan zijn koning, want zijn eigen hart is bitter.

"Daarom moet de man die wil bereiken munten hebben die hij in zijn beurs kan laten rinkelen, opdat hij in zijn hart liefde voor zijn familie en trouw aan zijn koning heeft".

Ten tweede bepaalt het plan dat ik mijn goede vrouw, die met trouw uit het huis van haar vader naar mij is teruggekeerd, zal onderhouden en kleden. Want Mathon zegt dat het goed zorgen voor een trouwe echtgenote zelfrespect in het hart van een man brengt en kracht en vastberadenheid toevoegt aan zijn doelen.

Daarom zal zeven tiende van alles wat ik verdien gebruikt worden om een huis te verschaffen, kleren om te dragen en voedsel om te eten, met een beetje extra om uit te geven, opdat het ons leven niet aan plezier en genot zal ontbreken. Maar verder beveelt hij de grootste zorg dat we niet meer dan zeven tienden van wat ik verdien voor deze waardige doeleinden uitgeven. Hierin ligt het succes van het plan.

Ik moet van dit deel leven en nooit meer gebruiken, noch kopen wat ik niet uit dit deel kan betalen.

Tablet nr. II

Ten derde bepaalt het plan dat uit mijn verdiensten mijn schulden betaald zullen worden.

Daarom zal telkens wanneer de maan vol is, twee-tiende van alles wat ik verdiend heb

eervol en eerlijk verdeeld onder hen die mij vertrouwd hebben en aan wie

die ik verschuldigd ben. Zo zal te zijner tijd al mijn schuld zeker betaald worden.

Daarom graveer ik hier de naam van ieder aan wie ik schatplichtig ben

en het eerlijke bedrag van mijn schuld.

Fahru, de lakenwever, 2 zilver, 6 koper.

Sinjar, de bankmaker, 1 zilver.

Ahmar, mijn vriend, 3 zilver, 1 koper.

Zankar, mijn vriend, 4 zilver, 7 koper,

Askamir, mijn vriend, 1 zilver, 3 koper.

Harinsir, de Juwelenmaker, 6 zilver, 2 koper.

Diarbeker, de vriend van mijn vader, 4 zilver, 1 koper.

Alkahad, de huiseigenaar, 14 zilver.

Mathon, de gouduitlener, 9 zilver.

Birejik, de boer, 1 zilver, 7 koper.

(Vanaf hier uit elkaar gevallen, niet meer te ontcijferen.)

Tablet nr. III

Aan deze schuldeisers ben ik in totaal honderdnegentien zilverstukken en honderd éénenveertig koperstukken schuldig. Omdat ik deze bedragen schuldig was en geen manier zag om ze terug te betalen, stond ik in mijn dwaasheid toe dat mijn vrouw naar haar vader terugkeerde en verliet ik mijn geboortestad om elders makkelijke rijkdom te zoeken, alleen om rampspoed te vinden en mijzelf in de vernedering van de slavernij verkocht te zien worden.

Nu Mathon me laat zien hoe ik mijn schulden kan aflossen met kleine bedragen van mijn verdiensten, besef ik de grote omvang van mijn dwaasheid door weg te lopen voor de gevolgen van mijn uitspattingen. Daarom heb ik mijn schuldeisers bezocht en hen uitgelegd dat ik geen andere middelen heb om te betalen dan mijn vermogen om te verdienen, en dat ik van plan ben twee tienden van alles wat ik verdien gelijk en eerlijk op mijn schulden aan te wenden. Zoveel kan ik betalen, maar niet meer. Als ze geduldig zijn, zullen mijn verplichtingen dus op den duur volledig betaald worden. Ahmar, die ik als mijn beste vriend beschouwde, beschimpte me bitter en ik verliet hem in vernedering.

Birejik, de boer, smeekte me hem eerst te betalen, want hij had zijn hulp hard nodig. Alkahad, de huiseigenaar, was inderdaad onaangenaam en drong erop aan dat hij me problemen zou bezorgen tenzij ik spoedig volledig met hem zou afrekenen.

Al de anderen gingen gewillig op mijn voorstel in. Daarom ben ik vastbeslotener dan ooit om door te zetten, omdat ik ervan overtuigd ben dat het gemakkelijker is om je rechtvaardige schulden te betalen dan ze te ontlopen. Ook

al kan ik niet aan de behoeften en eisen van een paar van
mijn schuldeisers voldoen, toch zal ik ze allemaal
onpartijdig behandelen.

Tablet nr. IV

Weer schijnt de maan vol. Ik heb hard gewerkt met een vrije geest. Mijn goede vrouw heeft mijn voornemens om mijn schuldeisers te betalen gesteund. Door onze wijze vastberadenheid heb ik in de afgelopen maan, door het kopen van kamelen van gezonde wind en goede benen, voor Nebatur de som van negentien zilverlingen verdiend.

Dit heb ik verdeeld volgens het plan. Een tiende heb ik apart gelegd om zelf te houden, zeven tiende heb ik verdeeld met mijn goede vrouw om ons levensonderhoud te betalen. Twee-tiende heb ik onder mijn schuldeisers verdeeld, zo gelijkmatig als in koperen munten mogelijk was.

Ik zag Ahmar niet maar liet het bij zijn vrouw achter. Birejik was zo blij dat hij mijn hand kuste. De oude Alkahad alleen was humeurig en zei dat ik sneller moest betalen. Waarop ik antwoordde dat als ik goed gevoed en niet bezorgd mocht zijn, ik alleen daardoor al sneller zou kunnen betalen. Alle anderen bedankten me en spraken goed over mijn inspanningen.

Daarom is aan het eind van één maan mijn schuld met bijna vier zilverstukken verminderd en bezit ik bovendien bijna twee zilverstukken, waarop niemand aanspraak heeft. Mijn hart is lichter dan het lange tijd geweest is.

Weer schijnt de maan vol. Ik heb hard gewerkt maar met weinig succes. Weinig kamelen heb ik kunnen kopen. Slechts elf zilverlingen heb ik verdiend. Toch hebben mijn goede vrouw en ik ons aan het plan gehouden, ook al hebben we geen nieuwe kleding gekocht en weinig anders gegeten dan kruiden.

Weer betaalde ik onszelf een tiende van de elf stukken, terwijl we van zeven tienden leefden. Ik was verbaasd toen Ahmar mijn betaling, hoewel gering, prees. Dat deed ook Birejik. Alkahad vloog in woede uit, maar toen hem gezegd werd zijn portie terug te geven als hij het niet wenste, verzoende hij zich. De anderen waren, net als vroeger, tevreden Weer schijnt de maan vol en ik ben zeer verblijd. Ik onderschepte een fijne kudde kamelen en kocht vele gezonde exemplaren, daarom waren mijn verdiensten tweeënveertig zilverstukken. Deze maan hebben mijn vrouw en ikzelf broodnodige sandalen en kledij gekocht Ook hebben we goed gegeten van vlees en gevogelte.

Meer dan acht zilverlingen hebben we aan onze schuldeisers betaald. Zelfs Alkahad protesteerde niet.

Groot is het plan want het leidt ons uit de schulden en schenkt ons rijkdom die ons toekomt.

Drie keer was het volle maan geweest sinds ik voor het laatst op deze klei gekerfd had. Elke keer betaalde ik aan mezelf een tiende van alles wat ik verdiende. Telkens hebben mijn goede vrouw en ik van zeven tienden geleefd, ook al was het soms moeilijk. Telkens heb ik aan mijn schuldeisers twee-tiende betaald.

In mijn beurs heb ik nu eenentwintig zilverlingen die van mij zijn. Het doet mijn hoofd rechtop op mijn schouders staan en maakt me trots om tussen mijn vrienden te wandelen. Mijn vrouw houdt ons huis goed bij en is mooi gekleed. We zijn blij samen te leven.

Het plan is van onnoemelijke waarde. Heeft het van een ex-slaaf geen eerbaar man gemaakt?

Tablet nr. V

Weer schijnt de maan vol en ik herinner me dat het lang geleden is dat ik op de klei gekerfd heb. Twaalf manen zijn in werkelijkheid gekomen en gegaan. Maar deze dag zal ik mijn plaat niet verwaarlozen, want op deze dag heb ik het laatste van mijn schulden betaald.

Dit is de dag waarop mijn goede vrouw en mijn dankbare ik met groot feest vieren dat onze vastberadenheid bereikt is.

Bij mijn laatste bezoek aan mijn schuldeisers gebeurden veel dingen die ik me nog lang zal herinneren. Ahmar smeekte me om vergiffenis voor zijn onaardige woorden en zei dat ik er een was van alle anderen die hij het meest tot vriend wenste.

De oude Alkahad is toch niet zo slecht, want hij zei: "Gij waart eens een stuk zachte klei dat geperst en gekneed kon worden door elke hand die u aanraakte, maar nu zijt gij een stuk brons dat in staat is een rand vast te houden. Als gij te eniger tijd zilver of goud nodig hebt, kom dan tot mij".

Hij is ook niet de enige die me in hoog aanzien houdt. Vele anderen spreken eerbiedig tegen me.

Mijn goede vrouw kijkt naar me met een licht in haar ogen dat een man vertrouwen in zichzelf doet hebben.

Toch is het het plan dat me succes heeft gebracht. Het heeft me in staat gesteld al mijn schulden af te betalen en zowel goud als zilver in mijn beurs te laten rinkelen. Ik beveel het iedereen aan die vooruit wil komen. Want waarlijk, als het een ex-slaaf in staat stelt zijn schulden te betalen en goud in zijn beurs te hebben, zal het dan niet ieder mens helpen om onafhankelijkheid te vinden? Zelf ben ik er ook nog niet klaar mee, want ik ben ervan overtuigd dat als ik het verder volg het me rijk onder de mensen zal maken.

St. Swithin's College

Universiteit van Nottingham

Newark-on-Trent

Nottingham

Professor Franklin Caldwell,

Verzorging van de Britse Wetenschappelijke Expeditie,

Hillah, Mesopotamië.

7 november 1936.

Mijn beste professor:

Als je bij je verdere graafwerk in die ruïnes van Babylon de geest tegenkomt van een vroegere bewoner, een oude kameelhandelaar met de naam Dabasir, doe me dan een plezier. Zeg hem dat zijn gekrabbel op die kleitabletten, zo lang geleden, voor hem de levenslange dankbaarheid heeft opgeleverd van een paar college mensen hier in Engeland. Je herinnert je misschien nog wel dat ik een jaar geleden schreef dat mevrouw Shrewsbury en ikzelf van plan waren zijn plan uit te proberen om uit de schulden te komen en tegelijk goud te hebben om mee te rinkelen. Je hebt misschien wel geraden, hoewel we het voor onze vrienden probeerden te verzwijgen, hoe wanhopig we er aan toe waren.

We waren jarenlang vreselijk vernederd door een heleboel oude schulden en maakten ons dood ongerust uit angst dat sommige middenstanders een schandaal zouden beginnen dat me uit de hogeschool zou dwingen. We betaalden en betaalden --- elke shilling die we uit onze inkomsten konden persen --- maar het was nauwelijks genoeg om de zaken gelijk te houden. Bovendien werden we gedwongen al onze inkopen te doen waar we meer krediet konden krijgen, ongeacht de hogere kosten.

Het ontwikkelde zich tot een van die vicieuze cirkels die slechter worden in plaats van beter. Onze worstelingen werden hopeloos. We konden niet naar minder dure kamers verhuizen omdat we de huisbaas nog iets schuldig waren. Er leek niets te zijn wat we konden doen om onze situatie te verbeteren.

Dan komt hier je kennis, de oude kameelhandelaar uit Babylon, met een plan om precies dat te doen wat wij wilden bereiken. Hij zweepte ons vrolijk op om zijn systeem te volgen. We maakten een lijst van al onze schulden en ik nam die rond en liet hem zien aan iedereen die we schulden hadden.

Ik legde uit hoe het voor mij gewoon onmogelijk was om hen ooit te betalen zoals de zaken er nu voor stonden. Dat konden ze gemakkelijk zelf aan de cijfers zien. Toen legde ik uit dat de enige manier die ik zag om volledig te betalen was om elke maand twintig procent van mijn inkomen opzij te leggen, dat pro rata verdeeld zou worden, waarmee ik hen in iets meer dan twee jaar volledig zou betalen. Dat we in de tussentijd op kasbasis zouden gaan en hen verder het voordeel van onze contante aankopen zouden geven.

Ze waren echt heel behoorlijk. Onze groenteboer, een wijze oude kerel, verwoordde het op een manier die hielp om de rest rond te krijgen. "Als je alles wat je koopt betaalt en dan wat aflost op wat je schuldig bent, is dat beter dan je gedaan hebt, want je hebt de rekening in drie jaar niet afbetaald." Tenslotte verzekerde ik al hun namen van een overeenkomst die hen verbond ons niet lastig te vallen zolang de twintig procent van de inkomsten regelmatig betaald werd. Toen begonnen we te beramen hoe we van zeventig procent konden leven. We waren vastbesloten om die extra tien procent te laten rinkelen. De gedachte aan zilver en eventueel goud was alleraardigst.

Het was alsof we een avontuur beleefden om het wisselgeld bij elkaar te krijgen. We vonden het leuk om op deze en die manier uit te vogelen, om comfortabel van die resterende zeventig procent te kunnen leven. We begonnen met de huur en slaagden erin een behoorlijke korting te bedingen. Vervolgens zetten we onze favoriete merken thee en dergelijke onder verdenking en waren aangenaam verrast hoe vaak we superieure kwaliteiten konden kopen tegen lagere kosten.

Het is een te lang verhaal voor een brief, maar in elk geval bleek het niet moeilijk. Het lukte ons en helemaal vrolijk ook. Wat een opluchting bleek het om onze zaken zo op orde te hebben dat we niet langer vervolgd werden door achterstallige rekeningen. Ik mag echter niet nalaten je te vertellen over die extra tien procent die we verondersteld werden te rinkelen. Wel, we hebben het een tijdje gejingeld. Nu moet je niet te vroeg lachen. Zie je, dat is het sportieve gedeelte. Het is het echte plezier, om geld te gaan ophopen dat je niet wilt uitgeven.

Er is meer plezier in het oplopen van zo'n overschot dan er in het uitgeven ervan zou kunnen zijn.

Nadat we naar hartelust gejokt hadden, vonden we er een winstgevender bestemming voor. We namen een belegging op, waarop we elke maand die tien procent konden betalen. Dit blijkt het meest bevredigende deel van onze regeneratie te zijn. Het is het eerste wat we uit mijn cheque betalen.

Er is een uiterst bevredigend gevoel van veiligheid als we weten dat onze investering gestaag groeit. Tegen de tijd dat mijn lerarentijd voorbij is moet het een knusse som zijn, groot genoeg zodat het inkomen ons vanaf dan zal onderhouden.

En dat allemaal uit mijn zelfde oude cheque. Moeilijk te geloven, maar toch helemaal waar. Al onze schulden worden geleidelijk afbetaald en tegelijk nemen onze investeringen toe. Bovendien komen we er, financieel gezien, nog beter vanaf dan voorheen. Wie zou geloven dat er zo'n verschil in resultaat kan zijn tussen het volgen van een financieel plan en het gewoon meedrijven.

Aan het eind van het volgende jaar, als al onze oude rekeningen betaald zullen zijn, zullen we meer over hebben voor onze investering, naast wat extra voor reizen. We zijn vastbesloten nooit meer toe te staan dat onze uitgaven voor levensonderhoud meer dan zeventig procent van ons inkomen bedragen. Nu begrijp je waarom we onze persoonlijke dank willen uitspreken aan die oude kerel wiens plan ons redde uit onze "Hel op Aarde".

Hij wist het. Hij had het allemaal meegemaakt. Hij wilde anderen laten profiteren van zijn eigen bittere ervaringen. Daarom besteedde hij moeizame uren aan het kerven van zijn boodschap op de klei. Hij had een echte boodschap voor lotgenoten, een boodschap die zo belangrijk is dat ze na vijfduizend jaar uit de ruïnes van Babylon herrezen is, even waar en even vitaal als op de dag dat ze begraven werd.

Met vriendelijke groet,

Alfred H. Shrewsbury,

Afdeling Archeologie.

De gelukkigste man van Babylon

Aan het hoofd van zijn karavaan reed trots Sharru Nada, de koopmansprins van Babylon. Hij hield van fijne stof en droeg rijke en betamelijke gewaden. Hij hield van fijne dieren en zat gemakkelijk op zijn pittige Arabische hengst. Aan hem te zien zou men nauwelijks zijn gevorderde jaren geraden hebben. Zeker zou men niet vermoed hebben dat hij innerlijk onrustig was.

De reis vanuit Damascus is lang en de ontberingen van de woestijn talrijk. Deze stoorden hem niet.

De Arabische stammen zijn woest en gretig om rijke karavanen te plunderen. Deze vreesde hij niet, want zijn vele vloot bereden wachters vormden een veilige bescherming.

Over de jongeling aan zijn zijde, die hij uit Damascus meebracht, was hij verontrust. Dit was Hadan Gula, de kleinzoon van zijn partner van andere jaren, Arad Gula, aan wie hij meende een schuld van dankbaarheid verschuldigd te zijn die nooit terugbetaald kon worden. Hij zou graag iets voor deze kleinzoon doen, maar hoe meer hij daarover nadacht, hoe moeilijker het leek vanwege de jongeling zelf. Terwijl hij de ringen en oorbellen van de jongeman bekeek, dacht hij bij zichzelf: "Hij denkt dat juwelen voor mannen zijn, toch heeft hij het sterke gezicht van zijn grootvader. Maar zijn grootvader droeg niet zulke opzichtige gewaden. Toch zocht ik hem om te komen, in de hoop dat ik hem zou kunnen helpen een begin voor zichzelf te maken en weg te komen van het wrak dat zijn vader van hun erfenis gemaakt heeft."

Hadan Gula brak in op zijn gedachten, "Waarom werkt gij zo hard, rijdt gij altijd met uw karavaan mee op zijn lange reizen? Neemt gij nooit de tijd om van het leven te genieten?"

Sharru Nada glimlachte. "Van het leven te genieten?" herhaalde hij. "Wat zou gij doen om van het leven te genieten als gij Sharru Nada zoudt zijn?"

"Als ik rijkdom had gelijk aan de uwe, zou ik leven als een prins. Nooit zou ik door de hete woestijn rijden. Ik zou de shekels uitgeven zo snel als ze in mijn beurs kwamen. Ik zou de rijkste gewaden en de zeldzaamste juwelen dragen. Dat zou een leven naar mijn zin zijn, een leven dat het waard was geleefd te worden." Beide mannen lachten.

"Uw grootvader droeg geen juwelen." Sharru Nada sprak voor hij nadacht, en vervolgde toen schertsend: "Zoudt gij geen tijd overlaten voor werk?"

"Werk is gemaakt voor slaven," antwoordde Hadan Gula.

Sharra Nada beet op zijn lip maar gaf geen antwoord en reed zwijgend verder tot het pad hen naar de helling leidde.

Hier hield hij zijn rijdier aan de teugel en wees naar de groene vallei in de verte, "Zie, daar is de vallei. Kijk ver naar beneden en je kunt vaag de muren van Babylon zien. De toren is de tempel van Bel. Als je ogen scherp zijn kun je zelfs de rook van het eeuwige vuur op zijn kruin zien."

"Dus dat is Babylon? Altijd heb ik ernaar verlangd de rijkste stad van de hele wereld te zien," merkte Hadan Gula op. "Babylon, waar mijn grootvader zijn fortuin begon. Zou hij nog leven. Dan zouden we het niet zo zwaar hebben."

"Waarom zou je willen dat zijn geest langer dan de hem toebedeelde tijd op aarde zou blijven? Gij en uw vader kunnen zijn goede werk goed voortzetten."

"Helaas, van ons heeft geen van beiden zijn gave. Vader en ikzelf kennen zijn geheim niet om de gouden shekels aan te trekken."

Sharru Nada antwoordde niet, maar gaf zijn rijdier de teugels en reed peinzend het pad naar de vallei af. Achter hen volgde de karavaan in een wolk van roodachtig stof. Enige tijd later bereikten ze de Koningsweg en sloegen af naar het zuiden door de geïrrigeerde boerderijen.

Drie oude mannen die een veld omploegden trokken Sharru Nada's aandacht. Ze leken vreemd vertrouwd.

Hoe belachelijk! Je passeert niet na veertig jaar een veld en vindt er dezelfde mannen die aan het ploegen zijn. Toch zei iets in hem dat ze dezelfde waren. Eén, met een onzekere greep, hield de ploeg vast. De anderen ploeterden moeizaam naast de ossen, ondoeltreffend slaand met hun tonstokken om ze aan het trekken te houden.

Veertig jaar geleden had hij deze mannen nog benijd! Hoe graag zou hij van plaats geruild hebben! Maar wat een verschil nu. Met trots keek hij terug naar zijn slepende karavaan, goed gekozen kamelen en ezels, hoog beladen met waardevolle goederen uit Damascus. Dit alles was maar een van zijn bezittingen. Hij wees naar de ploegers, en zei: "Nog steeds ploegen ze hetzelfde veld waar ze veertig jaar geleden waren."

"Ze zien er zo uit, maar waarom denkt gij dat ze dezelfde zijn?"

"Ik heb ze daar gezien," antwoordde Sharru Nada. Herinneringen raasden snel door zijn hoofd.

Waarom kon hij het verleden niet begraven en in het heden leven? Toen zag hij, als op een foto, het lachende gezicht van Arad Gula. De barrière tussen hem en de cynische jongeling naast hem loste op.

Maar hoe kon hij zo'n superieure jongeling met zijn spilzieke ideeën en met juwelen versierde handen helpen?

Werk kon hij in overvloed bieden aan gewillige arbeiders, maar niets voor mannen die zichzelf te goed achtten voor werk. Toch was hij het Arad Gula verschuldigd iets te doen, en niet een halfslachtige poging. Hij en Arad Gula hadden de dingen nooit op die manier aangepakt. Zo'n soort mannen waren ze niet.

Een plan kwam bijna in een flits. Er waren bezwaren. Hij moest rekening houden met zijn eigen familie en zijn eigen aanzien. Het zou wreed zijn; het zou pijn doen. Omdat hij een man van snelle beslissingen was, zag hij af van bezwaren en besloot te handelen.

"Zoudt gij het interessant vinden te horen hoe uw waardige grootvader en ikzelf toetraden tot het partnerschap dat zo winstgevend bleek?" vroeg hij. "Waarom vertel je me niet gewoon hoe je de gouden shekels gemaakt hebt? Dat is alles wat ik hoef te weten," pareerde de jongeman.

Sharru Nada negeerde het antwoord en ging verder, "We beginnen met die mannen die aan het ploegen waren. Ik was niet ouder dan gij. Toen de colonne mannen waarin ik marcheerde naderde, spotte de goede oude Megiddo, de boer, met de slordige manier waarop ze ploegden. Megiddo was naast me vastgeketend. 'Kijk eens naar die luie kerels,' protesteerde hij, 'de ploeger spant zich niet in om diep te ploegen, en ook de kloppers houden de ossen niet in de voor. Hoe kunnen ze verwachten een goede oogst op te brengen met slecht ploegen?'"

"Zei gij dat Megiddo aan u geketend was?" vroeg Hadan Gula verbaasd. "Ja, met bronzen halsbanden om onze nekken en een lengte zware ketting tussen ons in. Naast hem zat Zabado, de schapendief. Ik had hem in Harroun gekend. Aan het eind was een man die we Piraat noemden, omdat hij ons zijn naam niet vertelde. We beoordeelden hem als een zeeman, want hij had ineengestrengelde slangen op zijn borst getatoeëerd op zeemanswijze. De colonne was zo opgesteld zodat de mannen in vieren konden lopen."

"Gij wert geketend als slaaf?" Vroeg Hadan Gula ongelovig.

"Heeft uw grootvader u niet verteld dat ik ooit een slaaf was?"

"Hij sprak vaak over je maar zinspeelde hier nooit op".

"Hij was een man die je met diepste geheimen kon vertrouwen. Ook gij zijt een man die ik kan vertrouwen, heb ik niet gelijk?" Sharru Nada keek hem vierkant in de ogen. "Gij kunt op mijn zwijgen vertrouwen, maar ik ben verbaasd. Vertel me hoe gij ertoe gekomen zijt een slaaf te worden?"

Sharru Nada haalde zijn schouders op, "Ieder mens kan zich tot slaaf vinden. Het waren een speelhuis en gerstebier die me rampspoed brachten. Ik was het slachtoffer van de indiscreties van mijn broer. In een vechtpartij doodde hij zijn vriend. Ik werd door mijn vetter aan de weduwe verbonden, wanhopig om te voorkomen dat mijn broer door de wet vervolgd zou worden. Toen mijn vader het zilver niet kon opbrengen om me te bevrijden, verkocht ze me in woede aan de slavenhandelaar."

"Wat een schande en onrecht!" protesteerde Hadan Gula. "Maar vertel me, hoe hebt gij de vrijheid herwonnen?"

"Daar zullen we nog op komen, maar nu nog niet. Laat ons mijn verhaal voortzetten. Terwijl we passeerden, hoonden de ploegers ons uit. Eentje wierp zijn haveloze hoed af en boog laag, terwijl hij riep: "Welkom in Babylon, gasten van de koning. Hij wacht op u op de stadsmuren waar het feestmaal wordt gespreid, modderstenen en uiensoep". Daarmee lachten ze oproerig.

"Piraat vloog in woede uit en vervloekte hen ronduit. 'Wat bedoelen die mannen met de koning die op de muren op ons wacht?' Vroeg ik hem.

"Naar de stadsmuren marcheert gij om bakstenen te dragen tot de rug breekt. Misschien slaan ze u dood voor die breekt. Mij zullen ze niet slaan. Ill kill 'em.'

' Toen nam Megiddo het woord, 'Het heeft voor mij geen zin te spreken over meesters die gewillige, hardwerkende slaven doodslaan. Meesters houden van goede slaven en behandelen ze goed."

"Wie wil er hard werken?" merkte Zabado op. 'Die ploegers zijn verstandige kerels. Ze breken hun rug niet. Laten gewoon door alsof het wel zo is.' 'Gij kunt niet vooruit komen door je te onttrekken,' protesteerde Megiddo. Als gij een hectare ploegt, is dat een goede dag werk en elke meester weet dat. Maar als gij maar een halve ploegt, is dat ontlopen. Ik onttrek me niet. Ik werk graag en ik doe graag goed werk, want werk is de beste vriend die ik ooit gekend heb. Het heeft me alle goede dingen gebracht die ik heb gehad, mijn boerderij en koeien en gewassen, alles.'

"Ja, en waar zijn die dingen nu?" spotte Zabado. 'Ik denk dat het beter betaalt om slim te zijn en rond te komen zonder te werken. Let maar op Zabado, als we aan de muren verkocht worden, zal hij de waterzak dragen of een of ander gemakkelijk karweitje, terwijl gij, die graag werkt, uw rug zult breken met het sjouwen van bakstenen.' Hij lachte zijn malle lach.

"Verschrikking greep me die nacht aan. Ik kon niet slapen. Ik verdrong me dicht bij het wachttouw, en toen de anderen sliepen, trok ik de aandacht van Godoso die de eerste wacht deed. Hij was een van die roverige Arabieren, het soort schurk dat, als hij je van je beurs beroofde, zou denken dat hij ook je keel moest doorsnijden.

"Zeg me, Godoso," fluisterde ik, "als we in Babylon aankomen, worden we dan tot de muren verkocht?

"Waarom zou je dat willen weten?" vroeg hij voorzichtig.

'Kunt gij het niet begrijpen?' smeekte ik. 'Ik ben jong. Ik wil leven. Ik wil niet bewerkt of doodgeslagen worden op de muren. Is er een kans voor mij om een goede meester te krijgen?'

' Hij fluisterde terug: 'Ik vertel iets. Gij goede kerel, geef Godoso geen moeilijkheden. Meestal gaan we eerst naar de slavenmarkt. Luister nu. Als er kopers komen, vertel ze dan dat je een goede werker bent, graag hard werkt voor een goede meester. Zorg dat ze willen kopen. Doe je ze niet kopen, dan draag je de volgende dag bakstenen. Machtig hard werken.'

"Nadat hij weggelopen was, lag ik in het warme zand, keek omhoog naar de sterren en dacht na over werk.

Wat Megiddo gezegd had over dat het zijn beste vriend was, deed me afvragen of het ook mijn beste vriend zou zijn.

Zeker zou het dat zijn als het me hieruit hielp.

"Toen Megiddo wakker werd, fluisterde ik hem mijn goede nieuws toe. Het was ons enige sprankje hoop terwijl we naar Babylon marcheerden. Laat in de middag naderden we de muren en konden de rijen mannen, als zwarte mieren, de steile diagonale paden op en af zien klimmen. Toen we dichterbij kwamen, verbaasden we ons over de duizenden mannen die aan het werk waren; sommigen waren in de gracht aan het graven, anderen mengden het vuil tot lemen bakstenen. Het grootste aantal droeg de bakstenen in grote manden die steile paden op naar de metselaars.*

"Opzichters vervloekten de achterblijvers en sloegen bullock zwepen over de ruggen van hen die er niet in slaagden in het gareel te blijven. Men zag arme, versleten kerels wankelen en onder hun zware manden vallen, niet in staat om weer op te staan. Als de zweep hen niet op de been bracht, werden ze naar de kant van de paden geduwd en daar in doodsangst achtergelaten. Weldra zouden ze naar beneden gesleurd worden om zich bij andere lafhartige lichamen naast de rijweg te voegen in afwachting van een onheilig graf. Terwijl ik het afgrijselijke schouwspel aanschouwde, huiverde ik. Dit was dus wat mijn vaders zoon te wachten stond als hij op de slavenmarkt faalde.

*De beroemde werken van het oude Babylon, de muren, tempels, hangende tuinen en grote kanalen, werden gebouwd door slavenarbeid, voornamelijk krijgsgevangenen, wat de onmenselijke behandeling verklaart die ze kregen.

Onder deze werkkrachten bevonden zich ook veel burgers van Babylon en zijn provincies die wegens misdaden of financiële problemen als slaven verkocht waren. Het was een gangbare gewoonte dat mannen zichzelf, hun vrouw of hun kinderen als borg stelden om de betaling van leningen, gerechtelijke vonnissen of andere verplichtingen te garanderen. In geval van wanbetaling werden de zo gebondenen als slaven verkocht. "Godoso had gelijk gehad. We werden door de poorten van de stad naar de slavengevangenis gebracht en de volgende ochtend gemarcheerd naar de hokken op de markt. Hier kroop de rest van de mannen ineen van angst en alleen de zwepen van onze bewaker konden hen in beweging houden zodat de kopers hen konden onderzoeken. Megiddo en ikzelf spraken gretig met elke man die ons toestond hem aan te spreken.

"De slavenhandelaar bracht soldaten van de Garde van de Koning mee, die Piraat in de boeien sloegen en hem bruut sloegen toen hij protesteerde. Terwijl ze hem wegvoerden, kreeg ik medelijden met hem.

"Megiddo voelde dat we spoedig uit elkaar zouden gaan. Toen er geen kopers in de buurt waren, sprak hij me ernstig toe om me ervan te doordringen hoe waardevol werk in de toekomst voor me zou zijn: "Sommige mannen haten het. Ze maken het tot hun vijand. Beter is het om het als een vriend te behandelen, maak je er gelijkgezind mee. Vind het niet erg omdat het moeilijk is. Als gij bedenkt wat een goed huis gij bouwt, wat kan het je dan schelen of de balken zwaar zijn en het ver van de bron is om het water voor het pleister te dragen. Beloof me, jongen, als je een meester krijgt, werk dan zo hard als je kunt voor hem. Als hij niet alles waardeert wat je doet, geeft dat niet. Onthoud dat werk, goed gedaan, goed doet aan de man die het doet. Het maakt hem een beter mens.' Hij hield op toen een forse boer naar het bijgebouw kwam en ons kritisch aankeek.

"Megiddo vroeg naar zijn boerderij en gewassen, en overtuigde hem er spoedig van dat hij een waardevol man zou zijn. Na hevig onderhandelen met de slavenhandelaar trok de boer een dikke beurs van onder zijn gewaad, en spoedig was Megiddo zijn nieuwe meester uit het zicht gevolgd.

"In de loop van de ochtend werden nog een paar andere mannen verkocht. Tegen de middag vertrouwde Godoso me toe dat de handelaar ervan walgde en niet nog een nacht zou blijven, maar allen die bij zonsondergang overbleven naar de opkoper van de koning zou brengen. Ik was wanhopig aan het worden toen een dikke, goedmoedige man naar de muur liep en informeerde of er een bakker onder ons was.

"Ik stapte op hem af en zei: "Waarom zou een goede bakker als gijzelf een andere bakker van inferieure manieren zoeken? Zou het niet gemakkelijker zijn om een gewillig man als ikzelf uw vaardige manieren te leren? Kijk naar mij, ik ben jong, sterk en werk graag. Geef me een kans en ik zal mijn best doen om goud en zilver te verdienen voor uw beurs."

"Hij was onder de indruk van mijn bereidwilligheid en begon te onderhandelen met de handelaar die me nooit had opgemerkt sinds hij me gekocht had, maar nu welsprekend was over mijn bekwaamheden, goede gezondheid en goede aanleg. Ik voelde me als een vette os die aan een slager verkocht werd. Eindelijk werd, tot mijn vreugde, de koop gesloten. Ik volgde mijn nieuwe meester weg, denkend dat ik de gelukkigste man in Babylon was.

"Mijn nieuwe thuis was zeer naar mijn zin. Nana-naid, mijn meester, leerde me hoe ik de gerst moest malen in de stenen schaal die op de binnenplaats stond, hoe ik het vuur in de oven moest aanleggen en daarna hoe ik het sesameel voor de honingkoeken heel fijn kon malen. Ik had een bank in de schuur waar zijn graan werd opgeslagen. De oude slavenhuishoudster, Swasti, gaf me goed te eten en was blij met de manier waarop ik haar hielp met de zware taken.

"Hier was de kans waar ik naar verlangd had om me waardevol te maken voor mijn meester en, hoopte ik, een manier te vinden om mijn vrijheid te verdienen.

"Ik vroeg Nana-naid me te laten zien hoe ik het brood moest kneden en bakken. Dit deed hij, zeer verheugd over mijn bereidwilligheid. Later, toen ik dit goed kon, vroeg ik hem me te laten zien hoe ik de honingkoeken moest maken, en weldra deed ik al het bakwerk. Mijn meester was blij dat ik niets te doen had, maar Swasti schudde afkeurend haar hoofd, 'Geen werk te doen is slecht voor een man,' verklaarde ze.

"Ik vond dat het tijd werd dat ik een manier bedacht waarmee ik munten kon gaan verdienen om mijn vrijheid te kopen. Omdat het bakken 's middags klaar was, dacht ik dat Nana-naid het goed zou vinden als ik voor 's middags winstgevend werk vond en mijn verdiensten misschien met me zou delen. Toen kwam de gedachte bij me op, waarom niet meer van de honingkoeken bakken en ze aan hongerige mannen in de straten van de stad venten?

"Ik legde mijn plan op deze manier aan Nana-naid voor: 'Als ik mijn middagen na het bakken kan gebruiken om voor u munten te verdienen, zou het dan niet meer dan eerlijk zijn als u mijn verdiensten met mij zou delen, zodat ik zelf geld zou hebben om uit te geven voor die dingen die ieder mens begeert en nodig heeft?

"Eerlijk genoeg, eerlijk genoeg," gaf hij toe. Toen ik hem vertelde van mijn plan om met onze honingkoeken te venten, was hij wel tevreden. 'Dit is wat we zullen doen,' stelde hij voor. 'Gij verkoopt ze voor twee voor een stuiver, dan zal de helft van de stuivers van mij zijn om het meel en de honing en het hout om ze te bakken te betalen. Van de rest zal ik de helft nemen en gij zult de helft houden.

"Ik was zeer verheugd over zijn gulle aanbod dat ik eenvierde deel van mijn verkoop voor mezelf mocht houden.

Die avond werkte ik laat om een dienblad te maken waarop ik ze kon uitstallen. Nananaid gaf me een van zijn versleten gewaden opdat ik er goed uit zou zien, en Swasti hielp me het op te lappen en schoon te wassen.

"De volgende dag bakte ik een extra voorraad honingkoeken. Ze zagen er bruin en verleidelijk uit op het dienblad terwijl ik luid roepend over straat ging om mijn waren aan te prijzen. Aanvankelijk leek niemand geïnteresseerd, en ik raakte ontmoedigd. Ik ging door en later op de middag, toen de mannen honger kregen, begonnen de koeken te verkopen en al gauw was mijn dienblad leeg.

"Nana-naid was blij met mijn succes en betaalde me graag mijn deel. Ik was blij dat ik centen bezat. Megiddo had gelijk gehad toen hij zei dat een meester goed werk van zijn slaven op prijs stelde.

Die nacht was ik zo opgewonden over mijn succes dat ik nauwelijks kon slapen en probeerde uit te rekenen hoeveel ik in een jaar kon verdienen en hoeveel jaar er nodig zouden zijn om mijn vrijheid te kopen.

"Toen ik elke dag met mijn dienblad met gebakjes op pad ging, vond ik al gauw vaste klanten. Een van hen was niemand minder dan jouw grootvader, Arad Gula. Hij was een handelaar in tapijten en verkocht aan huisvrouwen, waarbij hij van het ene eind van de stad naar het andere ging, vergezeld van een ezel hoog beladen met tapijten en een zwarte slaaf om die te verzorgen. Hij kocht twee koeken voor zichzelf en twee voor zijn slaaf, en bleef altijd even bij me staan praten terwijl ze ze opaten.

Op een dag zei je grootvader iets tegen me dat ik me altijd zal herinneren. 'Ik houd van je koeken, jongen, maar nog meer houd ik van de fijne ondernemingszin waarmee je ze aanbiedt. Zo'n geestdrift kan je ver brengen op de weg naar succes.' "Maar hoe kunt gij begrijpen, Hadan Gula, wat zulke woorden van bemoediging konden betekenen voor een slavenjongen, eenzaam in een grote stad, die met alles wat hij in zich had worstelt om een uitweg uit zijn vernedering te vinden?

"Met het verstrijken van de maanden bleef ik centen aan mijn beurs toevoegen. Het begon een troostend gewicht aan mijn riem te hebben. Werk bleek mijn beste vriend te zijn, net zoals Megiddo had gezegd. Ik was gelukkig maar Swasti was bezorgd.

"Uw meester, ik vrees dat hij zo veel tijd in de speelhuizen doorbrengt," protesteerde ze.

"Ik was dolgelukkig toen ik op een dag mijn vriend Megiddo op straat tegenkwam. Hij leidde drie ezels beladen met groenten naar de markt. 'Het gaat me machtig goed,' zei hij. 'Mijn meester waardeert mijn goede werk wel, want nu ben ik voorman. Zie je, hij vertrouwt me wel de afzet toe, en ook zorgt hij voor mijn gezin. Het werk helpt me te herstellen van mijn grote problemen. Op een dag zal het me helpen mijn vrijheid te kopen en weer een eigen boerderij te bezitten.' "De tijd verstreek en Nana-naid verlangde er steeds meer naar dat ik terug zou komen van de verkoop. Hij zat te wachten als ik terugkwam en telde en verdeelde ons geld gretig. Hij spoorde me ook aan om meer markten te zoeken en mijn verkoop te vergroten.

"Vaak ging ik buiten de stadspoorten om de opzichters van de slaven die de muren bouwden te vragen. Ik haatte het om terug te keren naar de onaangename aanblik, maar vond de opzichters liberale kopers. Op een dag was ik verbaasd Zabado in de rij te zien wachten om zijn mand met bakstenen te vullen. Hij was uitgemergeld en gebogen, en zijn rug was bedekt met striemen en zweren van de zwepen van de opzichters. Ik had medelijden met hem en reikte hem een koek aan, die hij als een hongerig dier in zijn mond verpletterde. Toen ik de gulzige blik in zijn ogen zag, rende ik weg voor hij mijn dienblad kon grijpen.

'Waarom werkt gij zo hard?' Zei Arad Gula op een dag tegen me. Bijna dezelfde vraag stelde gij mij vandaag, weet gij nog? Ik vertelde hem wat Megiddo gezegd had over werk en hoe het mijn beste vriend bleek te zijn. Ik toonde hem met trots mijn portefeuille met centen en legde uit hoe ik ze spaarde om mijn vrijheid te kopen.

"Als gij vrij zijt, wat zult gij dan doen?" vroeg hij. 'Dan,' antwoordde ik, ben ik van plan koopman te worden.'

"Op dat moment nam hij me in vertrouwen. Iets wat ik nooit vermoed had. 'Gij weet niet dat ook ik een slaaf ben. Ik heb een partnerschap met mijn meester".

"Hou op," eiste Hadan Gula. 'Ik zal niet luisteren naar leugens die mijn grootvader belasteren. Hij was geen slaaf." Zijn ogen vlamden van woede.

Sharru Nada bleef kalm. "Ik eer hem omdat hij boven zijn ongeluk uitsteeg en een vooraanstaand burger van Damascus werd. Zijt gij, zijn kleinzoon, uit dezelfde mal gegoten? Zijt gij mans genoeg om de ware feiten onder ogen te zien, of verkiest gij te leven onder valse illusies?"

Hadan Gula richtte zich recht in zijn zadel. Met een stem onderdrukt van diepe ontroering antwoordde hij: "Mijn grootvader was bij iedereen geliefd. Ontelbaar waren zijn goede daden. Toen de hongersnood kwam kocht hij met zijn goud geen graan in Egypte en bracht zijn karavaan het niet naar Damascus en verdeelde het onder het volk zodat niemand honger zou lijden? Nu zegt gij dat hij slechts een verachte slaaf in Babylon was". "Was hij in Babylon een slaaf gebleven, dan was hij misschien wel veracht, maar toen hij door zijn eigen inspanningen een groot man in Damascus werd, vergaven de Goden hem inderdaad zijn tegenslagen en eerden hem met hun respect," antwoordde Sharru Nada.

"Nadat hij me verteld had dat hij een slaaf was," vervolgde Sharru Nada, "legde hij uit hoe graag hij zijn vrijheid had willen verdienen. Nu hij genoeg geld had om dit te kopen was hij erg verontrust over wat hij moest doen. Hij verkocht niet meer goed en vreesde de steun van zijn meester te verlaten. "Ik protesteerde tegen zijn besluiteloosheid: 'Klamp je niet langer vast aan je meester. Krijg weer het gevoel een vrij man te zijn. Gedraag je als een vrij man en slaag als een! Beslis wat je wenst te bereiken en dan zal werk je helpen het te bereiken!' Hij vervolgde zijn weg en zei dat hij blij was dat ik hem had beschaamd voor zijn lafheid.* "Op een dag ging ik weer buiten de poorten, en was verbaasd dat zich daar een grote menigte verzamelde. Toen ik een man om uitleg vroeg antwoordde hij: 'Hebt gij het niet gehoord? Een ontsnapte slaaf die een van de bewakers van de koning vermoordde is voor het gerecht gebracht en zal deze dag voor zijn misdaad gegeseld worden. Zelfs de Koning zelf zal hier aanwezig zijn.

"Zo dicht was de menigte rond de geselingpaal, dat ik vreesde in de buurt te komen, opdat mijn dienblad met honingkoeken niet zou worden omgestoten. Daarom klom ik op de onafgewerkte muur om over de hoofden van de mensen heen te kunnen kijken. Ik had het geluk Nebukadnezar zelf te kunnen zien, terwijl hij voorbij reed in zijn gouden strijdwagen. Nooit had ik zo'n grootsheid aanschouwd, zulke gewaden en behangsels van goudlaken en fluweel. "Ik kon de geseling niet zien, hoewel ik het geschreeuw van de arme slaaf kon horen. Ik vroeg me af hoe iemand zo edel als onze knappe koning het kon verdragen zulk lijden te zien, maar toen ik zag dat hij lachte en grapjes maakte met zijn edelen, wist ik dat hij wreed was en begreep ik waarom zulke onmenselijke taken geëist werden van de slaven die de muren bouwden.

"Toen de slaaf dood was, werd zijn lichaam aan een paal gehangen met een touw dat aan zijn been vastzat, zodat iedereen het kon zien. Toen de menigte begon uit te dunnen, ging ik dichterbij. Op de behaarde borst zag ik getatoeëerde, twee ineengestrengelde slangen. Het was Piraat. "De volgende keer dat ik Arad Gula ontmoette was hij een veranderd man. Vol enthousiasme begroette hij me: 'Zie, de slaaf die gij kende is nu een vrij man. Er lag magie in uw woorden. Nu al nemen mijn verkoop en mijn winst toe. Mijn vrouw is dolgelukkig. Zij was een vrije vrouw, het nichtje van mijn meester. Ze verlangt er erg naar dat we naar een vreemde stad verhuizen, waar niemand zal weten dat ik ooit een slaaf was. Zo zullen onze kinderen boven alle verwijten van hun vaders ongeluk verheven zijn. Werk is mijn beste helper geworden. Het heeft me in staat gesteld mijn vertrouwen te herwinnen en mijn vaardigheid om te verkopen.'

"Ik was dolgelukkig dat ik zelfs op een kleine manier in staat was geweest hem terug te betalen voor de aanmoediging die hij me gegeven had.

*De slavengebruiken in het oude Babylon waren, hoewel ze voor ons inconsequent lijken, strikt bij wet geregeld. Een slaaf kon bijvoorbeeld elk soort eigendom bezitten, zelfs andere slaven waarop zijn meester geen aanspraak had. Slaven huwden vrijelijk met niet-slaven. Kinderen van vrije moeders waren vrij. De meeste kooplieden in de stad waren slaven. Velen van hen hadden een partnerschap met hun meesters en waren op zichzelf rijk.

Op een avond kwam Swasti in diepe nood naar me toe: "Uw meester is in moeilijkheden. Ik vrees voor hem. Enkele maanden geleden heeft hij veel verloren aan de speeltafels. Hij betaalt de boer niet voor zijn graan noch voor zijn honing. Hij betaalt de geldschieter niet. Ze zijn boos en bedreigen hem."

"Waarom zouden we ons zorgen maken over zijn dwaasheid. Wij zijn zijn hoeders niet," antwoordde ik gedachteloos.

"Dwaze jongeling, gij begrijpt het niet. Aan de geldschieter heeft hij je titel gegeven om een lening veilig te stellen. Volgens de wet kan hij je opeisen en verkopen. Ik weet niet wat ik moet doen. Hij is een goede meester. Waarom?

O waarom, moeten hem zulke moeilijkheden overkomen?"

"Niet waren Swasti's angsten ongegrond. Terwijl ik de volgende ochtend aan het bakken was, kwam de geldschieter terug met een man die hij Sasi noemde. Deze man bekeek me en zei dat ik wel zou voldoen.

"De geldschieter wachtte niet op de terugkeer van mijn meester, maar zei tegen Swasti dat hij hem moest zeggen dat hij me had meegenomen. Met alleen het kleed op mijn rug en de beurs met centen veilig aan mijn gordel hangend, werd ik haastig weggevoerd van het onvoltooide baksel.

"Ik werd weggeslingerd van mijn dierbaarste hoop, zoals de orkaan de boom uit het bos rukt en hem in de kolkende zee werpt. Opnieuw hadden een speelhuis en gerstebier me rampspoed bezorgd.

"Sasi was een botte, norse man. Terwijl hij me door de stad leidde, vertelde ik hem van het goede werk dat ik voor Nana-naid gedaan had en zei dat ik hoopte ook voor hem goed werk te kunnen doen. Zijn antwoord bood geen aanmoediging:

"Ik hou niet van dit werk. Mijn meester houdt er niet van. De koning heeft hem gezegd me te sturen om een stuk van het Grote Kanaal te bouwen. De meester zegt tegen Sasi dat hij meer slaven moet kopen, hard moet werken en snel klaar moet zijn. Bah, hoe kan een man een groot werk snel afmaken?" "Stel je een woestijn voor met geen boom, alleen lage struiken en een zon die brandt met zo'n furie dat het water in onze vaten zo heet werd dat we het nauwelijks konden drinken. Stel je dan rijen mannen voor, die in de diepe uitgraving afdalen en zware manden met vuil omhoog sjouwen over zachte, stoffige paden, van daglicht tot donker. Stel je eten voor dat geserveerd werd in open troggen waaruit we onszelf als varkens hielpen. We hadden geen tenten, geen stro als bedden. Dat was de situatie waarin ik me bevond. Ik begroef mijn portemonnee op een gemarkeerde plek, me afvragend of ik hem ooit nog zou opgraven. "Aanvankelijk werkte ik met goede wil, maar naarmate de maanden zich voortsleepten, voelde ik mijn geest breken. Toen maakte de hittekoorts zich meester van mijn vermoeide lichaam. Ik verloor mijn eetlust en kon het schapenvlees en de groenten nauwelijks eten. 's Nachts woelde ik in ongelukkige waakzaamheid.

"In mijn ellende vroeg ik me af of Zabado niet het beste plan had, om zich te onttrekken en te voorkomen dat zijn rug gebroken zou worden bij het werk. Toen herinnerde ik me mijn laatste aanblik van hem en wist dat zijn plan niet goed was.

"Ik dacht aan Piraat met zijn verbittering en vroeg me af of het misschien even goed was om te vechten en te doden. De herinnering aan zijn bloedende lichaam herinnerde me eraan dat ook zijn plan zinloos was.

"Toen herinnerde ik me mijn laatste aanblik van Megiddo. Zijn handen waren diep vereelt van het harde werk, maar zijn hart was licht en er stond blijdschap op zijn gezicht. Zijn plan was het beste.

"Toch was ik net zo bereid om te werken als Megiddo; hij had niet harder kunnen werken dan ik. Waarom bracht mijn werk mij geen geluk en succes? Was het werk dat Megiddo geluk bracht, of lagen geluk en succes slechts in de schoot van de Goden? Moest ik de rest van mijn leven werken zonder mijn verlangens te verwerven, zonder geluk en succes? Al deze vragen lagen door elkaar in mijn hoofd en ik had er geen antwoord op. Inderdaad, ik was hevig in de war. "Enkele dagen later, toen het leek dat ik aan het eind van mijn uithoudingsvermogen was en mijn vragen nog steeds onbeantwoord waren, liet Sasi me halen. Een boodschapper was van mijn meester gekomen om me terug naar Babylon te brengen. Ik groef mijn kostbare portefeuille op, wikkelde me in de haveloze resten van mijn gewaad en was op weg.

"Terwijl we reden, bleven dezelfde gedachten van een orkaan die me heen en weer wervelde door mijn koortsige brein razen. Ik leek de vreemde woorden van een gezang uit mijn geboortestad Harroun te beleven:

Besluipt een mens als een wervelwind,

Hem voortdrijvend als een storm,

Wiens loop niemand kan foliëren,

Wiens lot niemand kan voorspellen.

"Was ik voorbestemd om altijd zo gestraft te worden voor ik wist niet wat? Welke nieuwe ellende en teleurstellingen stonden me te wachten?"

"Toen we naar de binnenplaats van het huis van mijn meester reden, stel je mijn verbazing voor toen ik Arad Gula zag die op me wachtte. Hij hielp me naar beneden en omhelsde me als een lang verloren broer".

"Toen we onze weg gingen had ik hem willen volgen zoals een slaaf zijn meester hoort te volgen, maar hij stond me dat niet toe. Hij sloeg zijn arm om me heen en zei: "Ik heb overal naar je gejaagd. Toen ik de hoop bijna had opgegeven, ontmoette ik Swasti die me vertelde van de geldschieter, die me naar je edele eigenaar leidde. Een harde koehandel dreef hij wel en liet me een schandalige prijs betalen, maar gij zijt het waard. Uw filosofie en uw ondernemingszin zijn mijn inspiratie geweest voor dit nieuwe succes."

"Megiddo's filosofie, niet de mijne," onderbrak ik.

"Die van Megiddo en die van jou. Dankzij jullie beiden gaan we naar Damascus en ik heb jullie nodig als mijn partner". "Zie," riep hij uit, "in één ogenblik zult gij een vrij man zijn!" Zo zeggend haalde hij van onder zijn gewaad het kleitablet waarop mijn titel stond. Dit hief hij boven zijn hoofd en smeet het in honderd stukken uiteen op de keien. Met vrolijkheid stampte hij op de fragmenten tot ze slechts stof waren.

"Tranen van dankbaarheid vulden mijn ogen. Ik wist dat ik de gelukkigste man van Babylon was. "Werk, zie je, bleek hierdoor, in de tijd van mijn grootste nood, mijn beste vriend te zijn.

Mijn bereidheid om te werken stelde me in staat te ontsnappen aan de verkoop om me aan te sluiten bij de slavenbendes op de muren. Het maakte ook zo'n indruk op uw grootvader, dat hij mij uitkoos als zijn partner."

Toen vroeg Hadan Gula, "Was het werk de geheime sleutel van mijn grootvader tot de gouden shekels?"

"Het was de enige sleutel die hij had toen ik hem voor het eerst kende," antwoordde Sharru Nada. "Uw grootvader werkte graag. De Goden waardeerden zijn inspanningen en beloonden hem rijkelijk."

"Ik begin het te begrijpen," sprak Hadan Gula nadenkend. "Werk trok zijn vele vrienden aan, die zijn nijverheid en het succes dat het hem bracht bewonderden. Werk bracht hem de eerbewijzen die hij in Damascus zo genoot. Werk bracht hem al die dingen die ik heb goedgekeurd. En ik dacht dat werk alleen geschikt was voor slaven." "Het leven is rijk aan vele genoegens waarvan de mens kan genieten," merkte Sharru Nada op. "Elk heeft zijn plaats. Ik ben blij dat werk niet aan slaven is voorbehouden. Ware dat het geval, dan zou ik van mijn grootste plezier verstoken blijven. Van veel dingen geniet ik, maar niets neemt de plaats in van werk."

Sharru Nada en Hadan Gula reden in de schaduwen van de torenhoge muren tot aan de massieve, bronzen poorten van Babylon. Bij hun nadering sprongen de poortwachters in de houding en salueerden eerbiedig voor een geëerd burger. Met opgeheven hoofd leidde Sharru Nada de lange karavaan door de poorten en de straten van de stad op.

"Ik heb altijd gehoopt een man als mijn grootvader te worden," vertrouwde Hadan Gula hem toe. "Nooit eerder had ik beseft wat voor een man hij was. Dit hebt gij me laten zien. Nu ik het begrijp, bewonder ik hem des te meer en voel me vastbeslotener om zoals hij te zijn. Ik vrees dat ik U nooit kan terugbetalen omdat U me de ware sleutel tot zijn succes hebt gegeven. Vanaf deze dag zal ik zijn sleutel gebruiken. Ik zal nederig beginnen zoals hij begon, wat veel beter bij mijn ware stand past dan juwelen en fijne gewaden."

Zo zeggend trok Hadan Gula de met juwelen versierde snuisterijen uit zijn oren en de ringen van zijn vingers. Toen liet hij zijn paard achteruit hinkelen en reed met diepe eerbied achter de Leider van de karavaan aan.

25 Belangrijke Zinnen

- "Adviezen worden graag gegeven, maar wees voorzichtig dat je alleen de adviezen aanneemt die de moeite waard zijn."
- "Onze daden kunnen niet wijzer zijn dan onze gedachten."
- "Het kost niets om een goede vriend om wijze raad te vragen".
- "Als je je vriend wilt helpen, doe het dan zo, dat je niet de last van je vriend overneemt."
- "Er zijn twee soorten leren: de ene is de dingen die we leren en weten, en de andere is het onderwijs dat ons leert te ontdekken wat we niet weten."
- "Wilskracht is niets anders dan een niet aflatende vastberadenheid om de taak die je je gesteld hebt te volbrengen."
- "Hoe hongeriger je wordt, hoe helderder je geest wordt, en hoe gevoeliger je wordt voor de geur van voedsel."
- "De reden dat we de maat van rijkdom nooit gevonden hebben. We hebben er nooit naar gezocht."
- "Wat tijd betreft, alle mensen hebben het in overvloed."
- "Waar vastberadenheid is, kan de weg gevonden worden."
- "Een deel van alles wat ik verdien is van mij. Zeg het 's morgens bij het opstaan. Zeg het 's middags. Zeg het 's avonds. Zeg het op elk uur van elke dag. Zeg het tegen jezelf tot de woorden als letters van vuur in de lucht geschreven staan."
- "In die dingen waarin we ons best doen, slagen we."

- "Een goede voorbereiding is de sleutel tot ons succes. Onze daden kunnen niet wijzer zijn dan onze gedachten. Onze gedachten kunnen niet wijzer zijn dan ons verstand."
- "Een deel van alles wat je wint, kun je houden."
- "Geluk kun je aantrekken door kansen te grijpen."
- "Rijkdom groeit als een boom uit een klein zaadje. Het eerste koper dat je spaart is het zaad waaruit je boom van rijkdom zal groeien. Hoe eerder je dat zaadje plant, hoe eerder de boom zal groeien. En hoe trouwer je die boom voedt en bewatert door voortdurend te sparen, hoe eerder je comfortabel in zijn schaduw zult zitten."
- "Hoe kun je jezelf een vrij man noemen als je zwakheid je zo ver gebracht heeft? Als een man de ziel van een slaaf in zich heeft, zal hij er dan niet een worden, ongeacht zijn geboorte, zoals water zijn niveau zoekt? Als een man de ziel van een vrij man in zich heeft, zal hij dan niet gerespecteerd en geëerd worden in zijn eigen stad, ondanks zijn schande?"
- "De man die een groeiend overschot verwerft door zijn inzicht in de wetten van rijkdom moet aan die toekomstige dagen denken. Hij moet plannen maken voor bepaalde investeringen of voorzieningen die zeker vele jaren zullen meegaan, maar beschikbaar zullen zijn als de tijd komt die hij zo wijselijk heeft voorzien."
- "De gedachten van de jeugd," vervolgde hij, "zijn felle lichten die schijnen als de meteoren die vaak de hemel verlichten, maar de wijsheid van de ouderdom is als de vaste sterren die zo onveranderlijk schijnen dat de zeeman er op kan vertrouwen om zijn koers uit te zetten.

- "Gelegenheid is een hooghartige godin die geen tijd verspilt aan de onvoorbereide."
- "Als ik mijn zinnen op een taak zet, maak ik die ook af. Daarom ben ik voorzichtig met het beginnen aan moeilijke en onpraktische taken, want ik houd van vrije tijd."
- "Maar al te vaak denkt de jeugd dat de ouderdom alleen de wijsheid van voorbije dagen kent en er dus geen voordeel aan ontleent. Maar bedenk, de zon die vandaag schijnt, is de zon die scheen toen je vader geboren werd, en ze zal nog steeds schijnen als je laatste kleinkind in de duisternis verdwijnt."
- "Beter een beetje voorzichtigheid dan grote spijt."
- "Wensen moeten eenvoudig en duidelijk zijn. Ze schieten aan hun eigen doel voorbij als ze te talrijk zijn, te verward, of het vermogen van een mens te boven gaan."
- "Onze wijze daden volgen ons door het leven om ons te behagen en te helpen. Even zeker volgen onze onverstandige daden ons om ons te plagen en te kwellen. Helaas kunnen ze niet vergeten worden. Bovenaan de kwelling die ons achtervolgt staan de herinneringen aan dingen die we hadden moeten doen, aan kansen die op ons pad kwamen en die we niet benut hebben."
- "Met een nieuw inzicht zullen we eerbare manieren vinden om onze verlangens te vervullen."